El
Taylor-verso

SWIFTIE

El Taylor-verso

LA VIDA DE TAYLOR SWIFT A TRAVÉS DE SUS LETRAS

Satu Hämeenaho-Fox

Traducción de
Ana Isabel Domínguez Palomo y
Mª del Mar Rodríguez Barrena

PLAZA JANÉS

Papel certificado por el Forest Stewardship Council®

Título original: *Into the Taylor-Verse*

Primera edición: mayo de 2024

Printed in Spain – Impreso en España

ISBN: 978-84-01-03353-7
Depósito legal: B-5906-2024

Compuesto en Comptex & Ass., S. L.

Impreso en Gráficas 94, S.L.
Sant Quirze del Vallès (Barcelona)

L 03353 A

PARA LOS SWIFTIES

Índice

Introducción

Los logros de Taylor Swift son legendarios. Aunque todas las estrellas del pop tienen sus propias coronas, ella ha triunfado en cada reto: ha ganado 14 premios Grammy, 40 American Music Awards, 40 Billboard Music Awards y 23 MTV Video Music Awards. Además, la revista *Time* la nombró Persona del Año en 2023. Es la mujer más famosa del mundo. Pero por más lista y trabajadora que haya sido Taylor para conseguir todas estas distinciones, superar tantos récords de ventas y seguir siendo tan interesante que no podamos dejar de hablar de ella, hay algo que es más importante y mucho más excepcional: escribe canciones que reflejan los sentimientos de la gente de forma tan certera que bromeamos diciendo que las escribió solo para nosotros. A pesar de ser una figura de una fama imponente, su música sigue pareciendo íntima, como si te hablara directamente. Aunque sus letras han madurado y ahora son incluso más cautivadoras, esa vulnerabilidad emocional no ha cambiado desde que salió su álbum debut en 2006.

Muchísimo antes de que el mundo conociera su nombre, Taylor Alison Swift comenzó su andadura musical en un paseo marítimo de New Jersey en el verano de 2003, a los 13 años. Con una camiseta que llevaba una mariposa estampada y una sonrisa entusiasta, Taylor cantó un reducido repertorio en el que se incluía la primera canción que escribió: «Lucky You». Mas de cien millones de discos vendidos después, ese paseo marítimo se ha convertido a gran velocidad en los escenarios de los mayores estadios de todo el mundo. La camiseta se ha convertido en trajes hechos a medida y el entusiasmo ha dado paso al aura de una superestrella. Taylor se trabajó poco a poco una versión adulta de sí misma que sigue pareciéndonos tan cercana como la de la camiseta de la mariposa. Ha creado un universo tan incitante con sus canciones, sus videoclips, sus modelos en la alfombra roja y sus actuaciones que los fans más acérrimos (los swifties) se pasan horas seguidas descifrando, analizando e intentando predecir lo que hará a continuación. Hay mucho que descubrir una vez que te adentras en el Taylor-verso. Abarca muchos horizontes, desde el pueblecito lluvioso de *Fearless* hasta el cementerio a medianoche de *evermore*.

Este libro explora los entresijos de cómo escribe Taylor sus canciones, disco a disco, empezando por sus comienzos de chica de pueblo en su álbum debut, *Taylor Swift*. Descubriremos qué la inspira: musas que amó y que perdió, su propia infancia, personajes históricos y la obra de William Shakespeare, por poner algunos ejemplos. Taylor maneja los recuerdos y el tiempo como nadie, sobre todo para dar forma a las canciones que hablan del desamor. Es una de las mejores narradoras que jamás ha existido, y usa las palabras, la estructura de las canciones, su vida personal y lo mucho que comprende a sus fans para contar cuentos sobre cualquier cosa, desde perder al amor de tu vida hasta, en fin, sacudírtelo de encima o, como dice la canción: *shake it off*.

Taylor no solo es una contadora de historias, también tiene una mente privilegiada. Ha tejido toda una red de conexiones entre sus canciones y ella gracias a los *Easter eggs*, o mensajes ocultos, que va dejando de un álbum a otro, desde temas importantes en sus letras hasta ciertos símbolos y sonidos, pasando por paletas de colores e incluso peinados con un significado especial. Cuando está de gira, recurre a una vena teatral innata para que su espectáculo resulte divertido y espontáneo, aunque en realidad es una atleta impresionante que protagoniza un espectáculo lleno de energía durante tres horas y media con tacones. The Eras Tour, la gira que los fans han hecho suya con un vestuario concreto y el intercambio de pulseras de la amistad, se ha convertido en un evento cultural importantísimo. Y aunque Taylor es muy inteligente y previsora, algunos de los aspectos más fascinantes de su carrera fueron fruto del azar: cuando el tablero político cambió por completo bajo sus pies, cuando la opinión pública dio un giro total de opinión de la noche a la mañana, la pandemia. Taylor ha tenido que dejar atrás su imagen como la máxima expresión de la chica buena americana y convertirse en una versión más compleja y resiliente de sí misma. Durante los altibajos de este viaje, los swifties siempre se han mantenido a su lado, hasta el punto de que su contribución al universo que Taylor ha creado se ha convertido en indispensable. La relación de Taylor con sus fans está hecha del material con el que se construyen las leyendas: presta atención, se fija en los detalles, piensa muy bien qué ofrecer a continuación.

Ya seas un fan recién llegado o lleves aquí mucho tiempo, ponte tus mejores galas y prepárate para ver las estrellas. Es hora de viajar al Taylor-verso.

1

El origen

TAYLOR SWIFT

*T*aylor Swift creció en un pueblo pequeño. Como muchas estrellas natas, se moría por irse de allí y conocer el mundo que había más allá del centro comercial y de la iglesia metodista, del instituto y de las gradas del campo de fútbol americano. Esos primeros años la acompañan, no solo como recuerdos de su infancia, sino en el primer álbum que grabó: *Taylor Swift*. Es el único álbum que no tiene su propia sección en The Eras Tour, aunque muchas de las canciones han aparecido en la parte en la que Taylor sorprende a los espectadores con piezas que no están en el repertorio permanente. Los temas y las referencias que usa en su álbum debut se expresan de forma más sencilla que en sus composiciones más maduras, pero sigue siendo Taylor Swift. Las escenas se fijan y las historias se cuentan de tal manera que atraen a la gente como cantos de sirena. Taylor lleva vestiditos negros (y vaqueros, que nunca pasan de moda) con botas de vaquero y no con tacones, y las historias se centran en el inagotable tema que es anhelar el amor. Taylor volverá a contar las experiencias formativas de su primer álbum de diferentes formas: el novio del pueblo con la camioneta Chevy de «'tis the damn season» (*evermore*) está sacado de «Tim McGraw», mientras que

Las escenas se fijan y las historias
se cuentan de tal manera que atraen
a la gente como cantos de sirena.

«Midnight Rain» (*Midnights*) habla de tener que elegir entre la vida tradicional y el atractivo de la fama. *Taylor Swift* nos traslada al verano en el que ella tomó su decisión.

Taylor Swift es interesante para los historiadores swiftianos que quieren conocer su origen, pero, en términos de composición, también es un impresionante logro por méritos propios. Taylor solo tenía dieciséis años cuando salió a la venta su álbum debut, llamado como ella. Como la mayoría de los adolescentes, prestaba mucha atención a las personas que la rodeaban, y sus primeras historias se ambientan en un mundo muy parecido a su pueblo, Wyomissing, Pennsylvania (11.122 habitantes), o a Hendersonville, donde iba al instituto (62.257 habitantes). Cuando *Taylor Swift* salió a la venta, Taylor era una estrella emergente de la mundialmente famosa escena musical de Nashville (689.447 habitantes), un lugar conocido por respetar el talento de los compositores. Taylor había conseguido un contrato de grabación para sus canciones a la avanzadísima edad de catorce años,[1] y nunca olvidaría que fue su habilidad para contar historias y para crear un mundo imaginativo lo que la ayudó a convertirse en una estrella. Lo segundo que la ayudó fue su inmensa dedicación, sobre todo cuando emprendió una gira radiofónica durante la cual viajó por todo el país para presentarse a los programadores, las personas que deciden qué canciones se emiten en la radio. Hacer una gran actuación delante de un montón de adultos en una sala de reuniones no es fácil para ningún artista, pero Taylor mostraba una confianza natural que ayudó a que estos mandamases de la industria se ablandaran con ella, sobre todo porque no dejaba de volver una y otra vez y les regalaba nuevas canciones y otra hora de su sonriente y educada compañía.[2] Aunque estuvieran en una sala de reuniones en el centro de Nashville, la música de Taylor los transportaba a otro lugar.

En su álbum debut, Taylor nos lleva a un idílico pueblecito cerca de un lago, donde la gente conduce camionetas y cabe la posibilidad de que el primer amor dure para siempre..., si te trata bien. Los primeros versos de la primera canción oficial de Taylor Swift, «Tim McGraw», nos trasladan a una noche estrellada en Georgia. El chico por el que estás colada te mira a los ojos mientras te dice que los tienes preciosos. ¿Quién no querría irse a ese sitio y no volver jamás? Taylor crea un paraíso de carreteras secundarias y porches tan seguros y acogedores como nuestros primeros sueños románticos. Si te parece que esta canción es como un abrazo, Taylor pensó lo mismo. Durante su primera gira, se metía entre el público a mitad de «Tim McGraw» para abrazar a sus fans y darles las gracias por haber ido, y después se subía de un salto al escenario para terminar de cantar como si nada sobre el romanticismo del primer

Taylor crea un paraíso de carreteras secundarias y porches tan seguros y acogedores como nuestros primeros sueños románticos.

amor. La canción también es un manifiesto sobre su proceso para escribir canciones: es capaz de escribir floridas descripciones como cualquier (torturado) poeta, pero dándoles un giro de tuerca. El chico que le gusta compara sus ojos azules con las brillantes estrellas, como Romeo hace con Julieta en la famosa escena del balcón. Pero en vez de seguirle la corriente, Taylor lo corta y le regaña medio en broma por soltarle una frase trillada para engatusarla. Aunque su primer álbum idealiza el primer amor y lo que podría ser, no lo llena con canciones plagadas de metáforas grandilocuentes y ñoñas sobre ese sentimiento. Lo que hace es crear un universo a partir de los detalles importantes y concretos que recuerda de sus propias experiencias, desde el vestidito negro que lleva al baile con el chico de «Tim McGraw» hasta la bufanda que más adelante se deja olvidada en la casa de la hermana de alguien.

Como primera canción, «Tim McGraw» es perfecta para crear el escenario de los temas del álbum, y también de toda la carrera que está por venir. Habla de la experiencia adolescente real, pero también del gran sueño de Taylor: que la reconozcan por su música. La canción está llena de metáforas que muestran que anhela que la vean y la escuchen por su talento lírico. No solo dice que la luna y las estrellas brillan, dice que brillan como un «foco». No solo dice «escúchame», dice que un día la escucharás en la radio. De hecho, la palabra «radio» aparece en cuatro de las canciones de *Taylor Swift*, lo que da una pista de cuál era su objetivo. Esta elección de palabras revela en qué punto de su vida se encontraba. A lo largo de este libro descubriremos que las palabras de Taylor tienen un significado íntimo y personal para ella, y que también revelan su trayectoria vital: era una adolescente cuando escribió *Taylor Swift*, así que es normal que la palabra «girl» («chica») aparezca en cinco canciones del álbum; ese era su mundo. Con el tiempo, su uso de la palabra «girl» cambiará de forma drástica, sobre todo durante la larga lucha entre la imagen de «chica buena» y «chica mala». Sin embargo, en este primer álbum ser una chica no es complicado. Si eres una chica, sabes exactamente dónde tienes que estar según la lógica de *Taylor Swift*: junto al lago, con el chico que te gusta, bajo la luz de la luna. La sutil genialidad de su elección de palabras en «Tim McGraw» hace que no necesites soñar con estar en un escenario para compartir su anhelo: basta con querer sentirte especial. Taylor todavía tendrá que esperar un poco para alcanzar la luz del estrellato, pero su primer álbum está iluminado por las estrellas que salpican las letras. De momento, es una adolescente que escribe canciones en el suelo de su dormitorio y que espera que le gusten a alguien.

Aunque el sonido de *Taylor Swift* es orgánico, tocado con guitarras y batería en directo, la historia de cómo llegamos a conocer este álbum tiene un curioso origen digital. Justo en el momento adecuado apareció una nueva tecnología que ayudaba a conectar personas que sentían lo mismo: las redes sociales. Es difícil imaginarse una época sin ellas, pero Taylor y las redes sociales crecieron juntas. Como cualquier adolescente de la época, posteaba novedades de su vida, aunque sus publicaciones pronto pasaron de hablar de su día a día en el instituto a la vida en el bus de la gira, junto con el pelo alisado según los dictados de la moda del momento y los delineados exagerados (todavía no se habían inventado los tutoriales de maquillaje en YouTube). Los astros se alinearon para que Taylor diera inicio a su carrera como escritora de canciones en un momento en el que la cultura comenzaba a ser menos formal y glamurosa, y se empezaban a buscar estrellas más cercanas. Además de estrecharles la mano a todos los programadores de Nashville, Taylor construyó su imperio con las manos, chica a chica, a través de las redes sociales y en persona. Una fan llamada Holly Armstrong contó su experiencia en un pódcast que se centraba en la primera etapa musical de Taylor, *The Swift Legacy*, en 2021.[3] La vio tocar en un paseo marítimo de Florida cuando ella tenía doce años y Taylor 13. En aquel entonces su repertorio incluía una canción anterior a *Taylor Swift* llamada «Lucky You» y una versión de una canción de la leyenda del country Patsy Cline. Cuando terminó, Holly se puso en fila con otras tres personas para hablar con esa nueva cantante tan guay. Taylor y ella charlaron de cosas normales, como su color favorito (el morado) y sus camisetas (la de Holly decía «American Girl» y la de Taylor tenía una mariposa rosa). Después de su breve charla, Holly tuvo la sensación de que había hecho una amiga y se convirtió en una fan absoluta: «No creo que Taylor supiera de verdad que iba a convertirse en alguien tan famosa. Eso no se piensa. Te haces "amiga" de alguien y toca la guitarra, compone canciones, y genial, quiero oír su música». Holly fue una de las chicas en las que Taylor puso su interés y que les habló a sus amigas de ese álbum con canciones sobre chicas como ellas. Llamaron a la emisora

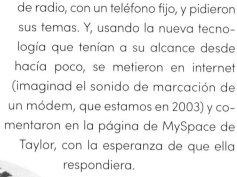

de radio, con un teléfono fijo, y pidieron sus temas. Y, usando la nueva tecnología que tenían a su alcance desde hacía poco, se metieron en internet (imaginad el sonido de marcación de un módem, que estamos en 2003) y comentaron en la página de MySpace de Taylor, con la esperanza de que ella respondiera.

En el momento de la salida a la venta de *Taylor Swift*, los métodos para llegar a ser una estrella del pop eran muy distintos a los de ahora. Cuando veías a tu cantante favorito, normalmente era en la tele o en la portada de una revista, donde contaban con el beneficio de ir supermaquillados y producidos; la entrevista estaba retocada por publicistas y recortada por los editores. De hecho, entre los famosos y los fans se interponían muchos intermediarios, incluyendo los que dirigían la industria de las discográficas, que eran quienes elegían a los afortunados que conseguían un contrato para grabar un álbum. Navegar por ese mar de presiones adultas es mucho pedirle a una chica de dieciséis años. El salto de un mundo sin redes sociales a uno donde podía usar una web como MySpace fue un paso de gigante y Taylor tenía la edad y las ganas de aprovechar esa tecnología al máximo. Sarah Carson escribió un artículo en *New Statesman* en 2021 en el que recordaba los fervientes días del fandom de Taylor Swift antes de *Fearless* y describía el atractivo de una cantante que componía las canciones más increíbles, ambientadas en unos Estados Unidos casi míticos, pero que también posteaba en internet como una chica normal. Una de las publicaciones de Taylor decía: «Estoy sentada en clase, escribiéndole notas a mi mejor amiga pelirroja, tan pirada como yo».[4] La Taylor de MySpace incluso soltaba tacos de vez en cuando, algo que no ocurriría en sus canciones hasta que se soltó la melena en *reputation,* demostrando que usaba las redes sociales como cualquier chica de la época, poniendo a prueba los límites de su forma de expresarse y dejándoles saber a sus fans quién era cuando no había adultos delante. Sarah escribió: «La música en sí solo suponía la mitad del atractivo. [...]. La otra mitad era —y para muchos fans sigue siéndolo— el objetivo de entenderla. Buscábamos significados ocultos en sus letras, descodificábamos los mensajes secretos que escondía en las notas del álbum y elaborábamos bromas privadas y teorías».[5] Estos mensajes secretos, ya estén de verdad en clave o en lugares donde solo pueden verlos algunas personas, se han convertido en una importantísima forma de comunicación entre Taylor y sus fans. Ha creado una tensión perfecta: entre sus seductoras letras y su cálida personalidad, tienes la sensación de que la conoces como persona, pero ella salpica todo su trabajo de puzles y de misterios para despertar tu instinto humano de descodificar y descifrar.

Taylor encontró su lugar en el mundo con la música country, pero pocas de sus primeras fans eran precisamente seguidoras de ese género que, básicamente, se dirigía a sus padres. Fue Taylor quien convirtió a sus fans en seguidoras de la música country a través del poder de sus canciones y de su personalidad. También es muy probable que, al haber crecido en Pennsylvania y no en uno de los estados donde el country es más habitual, se diera cuenta de qué elementos funcionaban en el género y seleccionara cuidadosamente los que servían a sus objetivos. Una narradora tan habilidosa como ella sabe cómo ayudar a su público a darle una oportunidad a las cosas. Para convertirse en cantante de country, Taylor tuvo que adoptar algunos tics típicos de Nashville, como el acento sureño, para poder vender esas canciones sobre camionetas. Desde el principio de su carrera, comprendió que, para dar a conocer su música, necesitaba un personaje, que no deja de ser otra manera de contar historias. Su personaje está entretejido a lo largo de toda su música y de sus letras, y en un principio se reducía al mensaje más persuasivo de *Taylor Swift*: una chica buena cuyo mundo sigue siendo su diminuto pueblo, los vecinos de al lado y la calle en la que vive. Taylor diría más adelante: «Creo que en mi caso hay un interesante desfase de crecimiento emocional. Como escribo los discos un par de años antes de que salgan al mercado, siempre he parecido dos o tres años más joven de lo que soy en realidad».[6] Aunque seguía siendo jovencísima, era un poco mayor que sus fans cuando salió *Taylor Swift*, y un año o más es mucho cuando tienes dieciséis. Uno de los motivos de que se convirtiera en el modelo a seguir y en «hermana mayor» para muchas chicas fue su forma de cantar de su pasado más reciente con tanta ternura e inmediatez, al tiempo que podíamos ver cómo se desarrollaba su vida en MySpace y

Tumblr o, cada vez más a menudo, en los titulares de prensa. Las canciones que más tarde se convertirían en un universo de multiplataformas dedicadas a Taylor Swift desconcertaban a los otros adolescentes de su instituto, que la oían cantar en los concursos de talentos y en las reuniones. La decisión de escribir canciones en un género que no se consideraba «moderno» en la época emo de principios de los 2000 hizo que sus compañeros de clase le dijeran: «Vete a cantar esa *piii* de country» (la censura es de Taylor).

Las experiencias de Taylor cuando la excluyeron socialmente en el instituto (la primera canción que escribió para *Taylor Swift* fue «The Outside», que habla de la soledad) la hicieron buscar vínculos en otra parte. Dice: «Llevaba una doble vida. Durante el día daba vueltas, hablaba con gente, iba a clase, estudiaba para los exámenes y me enamoraba de chicos, y después de clase me iba al centro, a Music Row, en Nashville, y escribía canciones sobre esas experiencias».[7] Que le dieran la espalda alimentó sus composiciones, algo que no dejó de suceder por completo, como se demuestra por la soledad presente en cada interpretación de «You're On Your Own, Kid» (*Midnights*) durante su gira. También alimentó su determinación. En una ocasión, contó que la ayudó a hablar con las discográficas cuando era tan joven: «Fui capaz de hacerlo porque sabía que nunca sentiría el mismo rechazo que en clase. Porque en la industria musical, si van a decirte que no, al menos son amables».[8] Otras chicas se dieron cuenta de que Taylor se moría por conectar con alguien. Cuando salió su primer álbum, organizaba sesiones de *meet-and-greet* larguísimas, encuentros para conocer a su público, y hablaba uno a uno con cada fan hasta cuatro horas seguidas. Cuando uno de ellos le pedía un autógrafo, a menudo recibía una página llena de notas personalizadas en las que le decía que ojalá que disfrutara del curso ese año y que pronto volverían a verse. Más adelante, ya con millones de fans, no podrá abrazarlos a todos ni contestar todos los emails, pero su interés por establecer vínculos personales no desaparece. Ahora puede que deje un comentario en un TikTok muy creativo o que le envíe un paquete a alguien que creó un club de Taylor Swift en su universidad. Eso es algo que está presente hasta en su forma de cantar; de hecho, es famosa por su estilo vocal directo, sin apenas *runs* ni florituras. Todo lo contrario, te da la sensación de que la tienes sentada al lado, charlando contigo con suspiros y risas, algo que perfeccionará y con lo que nos dejará hechos polvo en sus discos posteriores. Y luego están los guiños y referencias que parecen mensajes en clave que solo los fans pueden descifrar. Lo que empezó siendo una simple nota en el álbum ha estallado y ahora la gente hasta cuenta los pájaros que se ven de fondo en sus fotos de Instagram para encontrar pistas sobre su siguiente regrabación.

Sabemos que Taylor siempre ha recibido a sus fans con los brazos abiertos y sigue haciéndolo con cada nuevo álbum, ya sea con material inédito o con un relanzamiento esperadísimo. Pero ¿por qué será que su música por sí sola crea un espacio tan seguro y acogedor? Debería ser evidente que un álbum escrito por una adolescente tiene una perspectiva adolescente, pero al comparar el primer álbum de Taylor con los que la inspiraron, como el *Blue* de LeAnn Rimes, vemos que no es necesariamente así. Es habitual que a las chicas jóvenes se las obligue a cantar desde una perspectiva más madura para ampliar su audiencia. *Blue* está lleno de referencias a amar a tu hombre y a ser una mujer, cosa que quedaría muy rara en boca de una cría de 13 años. Taylor eligió un camino distinto y escribió canciones nuevas y clásicas que son perfectas para que las cante gente de cualquier edad, ya seas joven o estés recordando esa época tan inocente. *Taylor Swift* resultó tan acogedor para las chicas en concreto porque está ambientado en un mundo donde son ellas las que mandan. Incluso a día de hoy, las chicas cuentan con pocos referentes. Las revistas para adolescentes ponen en la portada a Taylor, que ya está en la treintena, porque no ha aparecido nadie que la sustituya. *Taylor Swift* se ambienta en un mundo inocente exento del habitual desequilibrio de poder. La letra de «Stay Beautiful» describe un barrio en el que las chicas se esconden en las esquinas para cuchichear sobre un chico y decidir si es guapo o no. Es un mundo donde ellas son las que miran. La industria de la música country le dio la espalda a Taylor al principio porque «las chicas no escuchan música country». Hizo falta su poderosa visión artística, y un álbum debut que fue siete veces disco de platino, para que cambiaran de opinión.

Además de tener un punto de vista único, Taylor cuenta con otra cosa de la que los grandes artistas disponen a menudo: musas. En *Taylor Swift*, las musas son casi exclusivamente chicos, con la excepción de una tierna canción dedicada a la amistad («I'm Only Me When I'm With You», inspirada en su mejor amiga, Abigail) que se coló en la versión deluxe. En el siguiente disco, *Fearless*, Taylor seguirá acudiendo a Abigail como inspiración, y a medida que va pasando el tiempo sus musas abarcarán a compañeros sentimentales, pero también a enemigos acérrimos e incluso a los medios de comunicación en general. Las musas han formado parte del proceso creativo de pintores y de poetas a lo largo de la historia; su belleza inspira al artista a inmortalizar un momento concreto, como cuando el chico de «Teardrops On My Guitar» mira a Taylor y ella sonríe con rapidez para ocultar el amor no correspondido que siente (buena práctica para mantener la cara de póquer cuando los periodistas le pregunten por su vida amorosa por enésima vez). Con el tiempo, los medios de comunicación se fijarán en sus musas y en cuál es la «verdadera historia» que ocultan las canciones, cuando lo más emocionante es su capacidad para convertir todas esas musas en obras de arte. Taylor se muestra juguetona en cuanto a lo que el público puede haber oído sobre ella y su musa: en la canción «Is It Over Now? (Taylor's Version) (From The Vault)» de *1989 (Taylor's Version)*, hace referencia a una foto de 2013 muy difundida en la que parece muy triste, sentada en un barco después de discutir con su pareja y cortar. No siempre es fácil ser una musa, como muchas de ellas han descubierto, pero la compensación es que eso que te hace único te inmortalizará. Taylor no es la única gran artista cuyas obras más imperecederas hablan de que está colada por un chico mono. Recuerda los sonetos de William Shakespeare a su «hermoso joven».

Con el tiempo, los medios
de comunicación se fijarán
en sus musas y en cuál es
la «verdadera historia» que
ocultan las canciones, cuando
lo más emocionante es su
capacidad para convertir todas
esas musas en obras de arte.

«¿Debo compararte a un día de verano?» es casi tan romántico y pegadizo como «Our Song». Tanto Shakespeare como Taylor escribieron desde el anhelo. Aunque las personas que nos gustan tienen el poder en la vida real, el artista tiene la última palabra, algo que Taylor recalcará una y otra vez, reclamando sus derechos artísticamente, como creadora de sus canciones, y también legalmente, como dueña de su música. Si quiere hablar de los sucesos reales de su vida, lo hará. Dará vueltas y vueltas a sus recuerdos personales, y empezará a analizarse a sí misma y a las personas que la rodean, convirtiéndose en su propia musa en canciones introspectivas como «Anti-Hero».

Taylor Swift inmortaliza el momento previo a que Taylor se hiciera famosa. Cristaliza la visión del mundo con la que creció, y sobre la que basará toda su vida y su carrera. Es un mundo sencillo en el que solo necesitas el amor y la familia. Con cada álbum aprendemos más de ella y de su visión del amor ideal, a menudo a través de su relación con el hogar. La Taylor de «Mine», de *Speak Now*, escrita entre los dieciocho y los veinte años, atesora el cajón con efectos personales que tiene en casa de su novio. Esa imagen doméstica del amor reaparecerá muchas veces. Mientras contaba el proceso creativo de «Lover» en 2019, dijo: «Cuando los jóvenes pasan de vivir con su familia a unir su vida a la de otra persona, es un momento profundísimo».[9] La creación de un hogar está en el centro de lo que es para ella el amor ideal. La Taylor de veintisiete años de *reputation* compartirá hogar y tareas con su pareja; la Taylor de treinta años de *Lover* construirá la casa entera.

«Mary's Song (Oh My My My)» capta el tipo de relación que Taylor consideraba ideal con catorce años. Trata del hogar, de quedarse en él. Dos personas que se conocen de niños, se casan jóvenes y pasan toda la vida en el mismo pueblo donde nacieron. Comparten recuerdos de infancia; cuando el marido lleva a su flamante esposa a casa, es de vuelta a la casa donde se conocieron de niños. Incluso cuando tienen siete y nueve años, sus padres hablan sobre la posibilidad de que se enamoren. Escrita e interpretada de una forma tan antigua y emotiva (además de maravillosamente), te arranca el feminismo de la cabeza. La Taylor adolescente soñaba con encontrar el amor muy joven y poder depender de él..., un objetivo comprensible. La calidad de «Mary's Song (Oh My My My)» consigue trasladar al oyente a una fantasía, incluso a alguien que no le apetece pasarse toda la vida en un porche casada con el primer chico al que vio. Es una señal de que aunque el talento de Taylor para escribir canciones se basa en su capacidad de parecer cercana, no depende de eso. En el fondo, construye mundos y cuenta historias, y solo te pide que suspendas tu incredulidad lo justo para escuchar de verdad. Puede llevarte a cualquier parte, solo tienes que confiar en ella.

¿Adónde va Taylor a continuación? A la cima.

TAYLOR SWIFT
Mención especial
«OUR SONG»

La última canción de *Taylor Swift* es el ideal platónico de una canción country. Incluye punteos de guitarra, y también hay un banjo y un violín. Taylor y el chico con el que sale conducen por carreteras secundarias (él al volante, por supuesto). La música country valora la composición más que ninguna otra cosa y es famosa —o lo era— por su ingenio. El concepto de «Our Song» no puede estar más trillado. Una pareja joven que todavía no tiene su canción y que describe cómo debería ser. Taylor enumera imágenes perfectas de la música country: el sonido de una puerta de mosquitera; el de los golpecitos en el cristal de la ventana de tu novia (una imagen sacada directamente de *Dawson crece*); el de su propia risa, que todavía no podemos oír, pero que será un elemento importante en sus siguientes discos. Algunas partes de la canción son abstractas, como lo mucho que se arrepiente él de no haberla besado en su primera cita o su forma de comunicarse con susurros por teléfono, para que sus padres no los oigan. Y, por fin, Taylor pide que la ponga de nuevo para repetir toda la maravillosa experiencia. El estribillo final cambia la perspectiva, algo que se convertirá en su sello distintivo, y Taylor canta que debería haber sido ella quien lo besara.

La imagen de Taylor, desde su estilo hasta sus videoclips, siempre se ha adaptado para contribuir a su historia.

Trey Fanjoy, que dirigió el vídeo de «Our Song», dijo: «No queríamos hacer otra historia de chico conoce a chica».[10] Así que el vídeo muestra a Taylor pintándose las uñas y hablando por un antiguo teléfono rosa, como si le estuviera contando la historia de la canción a una amiga. Después canta en un porche llevando un vestido de fiesta celeste con una abultada falda a base de capas de tul.[11] En un vídeo futuro, el de «Look What You Made Me Do», Taylor se plantará sobre la pira funeraria de sus antiguos yo, y esa «chica tan femenina» con un vestido celeste es la versión más antigua de sí misma a la que dará por muerta.[12]

Si crees que las chicas de dieciséis años con vestidos bonitos que cantan sobre el amor son unas tiernas florecillas es que tus oídos no han captado la bravuconería de «Our Song». Cuando hable de «la última gran dinastía americana» en *folklore*, Taylor dirá: «En la música country es algo como [canta]: "¡Un chico hizo tal, luego la chica hizo no sé qué, luego se conocieron y su hija soy YO!"».[13] En «Our Song», después de buscar una metáfora perfecta e incorporarla a un ritmo pegadizo, Taylor escribe que ha escuchado toda la música que existe y no hay nada en el mundo lo bastante bueno para ser su canción. Así que, justo al final, mientras la música se desvanece, nos deja con un remate magistral. ¿Esa increíble canción de la que ha estado hablando y que define su relación? ¡Ah! Es esta.

«Quería que [«Our Song»] fuera la última del disco, porque la última frase del estribillo dice que la ponga de nuevo. Ojalá que la gente lo tome como una indirecta para poner el disco de nuevo».[14]

El centro de atención

2

FEARLESS

*C*uando se apagan las luces, el público grita emocionado. Taylor agita su rubia cabeza como una estrella del rock, de pie y con las piernas separadas. Es imposible oírla por encima de las otras diez mil voces que corean todas sus canciones. Los asistentes han escuchado sus CD de *Fearless* cientos de veces y han memorizado cada verso. Para «Love Story», que es una obra maestra teatral, Taylor se eleva sobre una plataforma con un vestido rojo con encaje dorado, perfecto para una actriz que interpretara a una princesa en una feria renacentista. Se asegura de mirar a izquierda y derecha, para que ningún rincón del estadio parezca olvidado. A su alrededor gira un grupo de bailarines, vestidos como ella, y al fondo se proyecta un castillo. Cuando llega el apoteósico final de la canción, Taylor desaparece por detrás de sus bailarines y luego aparece de repente, ¡tachán!, vestida de novia (uno de los muchos cambios de vestuario, incluido el uniforme de banda de música y varios vestidos cortos, uno plateado, otro dorado, otro rojo y otro morado). En los dos años transcurridos desde el lanzamiento de su álbum debut, Taylor ha aprendido a transformarse.

Mientras promocionaba *Taylor Swift* estuvo de gira constante. Los gritos de los asistentes a sus conciertos le fueron dando la pista de lo que funcionaba; también lo buscaba en los comentarios emocionados que le escribían las chicas en internet y en los emails de su fans, que hacía todo lo posible por responder. Cuando escribió *Fearless*, cogió la magia de su álbum debut —la intimidad, la emoción sincera, la narración— y lo multiplicó por 13. Eso fue lo que la ayudó a cimentar la lealtad de los fans que la seguían desde los días de «Tied Together With A Smile», y a atraer a nuevos fans que se hicieron adictos de inmediato a éxitos optimistas como «You Belong With Me» y «Love Story», que son canciones para cantar en el coche con tus amigos, o en el estadio con otros diez mil fans. Taylor participó activamente en todo lo relacionado con el proyecto de ser Taylor Swift, desde los decorados (el castillo de cuento de hadas) hasta la ropa que llevaba en los videoclips, pasando por las decisiones de producción de sus discos. En el segundo había menos banjo, y eso provocó cierta preocupación por la posibilidad de que abandonara el country. Si se sintió tentada, el éxito del primer sencillo de *Fearless*, que empezaba con un punteo de banjo, demostró que, mientras escribiera sus canciones con el corazón, podría triunfar en las listas de pop y de country. La música country la retendría todavía un tiempo, y la industria musical en general se veía obligada a fijarse en «Love Story», aunque se alejaba muchísimo del pop contemporáneo (el single más vendido de 2008 en Estados Unidos fue «Low» de Flo Rida).

Cuando escribió *Fearless*,
cogió la magia de su álbum
debut —la intimidad, la emoción
sincera, la narración— y lo
multiplicó por 13.

Los éxitos ayudaron a Taylor a seguir haciendo lo que le gustaba: conectar con los oyentes. Una vez que atrajo a la gente con estribillos alegres, el público descubrió los momentos más tranquilos de *Fearless*, con sus emociones profundas y sus historias más complejas que capturaban la esencia de la vida adolescente en canciones que son perfectas para poner una y otra vez mientras lloras bajo una manta por razones que no puedes explicar del todo. Ser adolescente es como subir de repente el volumen de tus sentimientos: son fuertes y abrumadores. La música que describe esta experiencia también tiene que ser grande y dramática, tanto si prefieres buscar emociones como si te apetece quedarte mirando por la ventana esa lluvia torrencial que refleja cómo te sientes por dentro. Una de las habilidades características de Taylor es su capacidad de poner un momento concreto bajo la lupa y de expresar con palabras todo lo que sintió. Para los fans que habían pasado por las mismas experiencias que ella, esas canciones idealizaban sus propias vidas. Para los que aún no habían experimentado su primera cita o su primer beso, era un mundo precioso y prometedor, incluidas las canciones que narraban una ruptura. El público más joven, conquistado ya por esas emociones tan grandes, deseaba que le rompieran el corazón para poder entender por fin de qué hablaba Taylor en «Come In With The Rain» y en «The Way I Loved You».

En la canción que abre el álbum, «Fearless», crea uno de sus característicos escenarios nostálgicos al describir la acera empapada por la lluvia con detalles tan vívidos que parece que estemos viviendo la experiencia de un primer

Una de las habilidades características de Taylor es su capacidad de poner un momento concreto bajo la lupa y de expresar con palabras todo lo que sintió.

beso a cámara lenta. Prácticamente se oye cómo cae la lluvia, y se siente que el momento se va alargando... hasta que llega el estribillo y se lanza a los brazos del chico (y al futuro). Taylor nos dice cantando que no cree que haya nada mejor que ese momento y... ¡eso ha sido todo, chicos! Así ha creado la máxima cumbre posible de la emoción capaz de hacernos desmayar a todos. Sin embargo, después de los subidones románticos de «Fearless» llegan los bajones desmoralizadores. Las decepciones de «Forever & Always» y «You're Not Sorry» son más profundas que la irritación que expresó por su novio infiel en «Should've Said No» de *Taylor Swift* (cuando interpretaba esa canción en los conciertos del Fearless Tour, una lluvia torrencial caía desde el techo del recinto cada noche). La melodía de «You're Not Sorry» en concreto es lo bastante triste y dramática como para representar la peor emoción que se puede sentir: el rechazo adolescente.

Uno de los miedos a los que se enfrenta Taylor en *Fearless* es el hecho de crecer y dejar atrás los espacios seguros de su infancia. En su álbum debut, tenía miedo de abandonar la calidez de su zona de confort y de entrar en los lugares hostiles que describe en «Cold As You» o en «A Place In This World», donde está sola y a nadie parece importarle. Esa sensación de aislamiento en una Antártida emocional reaparecerá una y otra vez en sus canciones, hasta «You're On Your Own, Kid» *en Midnights*, cuando cualquiera esperaría que estuviera disfrutando alegremente del éxito y que le llovieran invitaciones a todas las fiestas. Sin embargo, lo bueno de tener frío es que nos hace sentir vivos. Los grandes amores de Taylor también la llevarán al norte del estado de Nueva York, donde el aire es frío en «All Too Well», o la harán saltar a las heladas aguas de una piscina al aire libre en «Paper Rings». Su precioso recuerdo de nadar con su abuela en «marjorie» *(evermore)* nos manda el mensaje de que algunos recuerdos son importantes no porque sean bonitos y agradables, sino porque son intensos. El choque del frío en las canciones de Taylor es duro, pero transmite la esencia de estar vivo. Todavía le cuesta arriesgarse a salir a los elementos incontrolables, a las feroces tormentas de la emoción adolescente, pero lo hace. Un adulto podría mirar por la ventana de su casa y pensar: «Este aguacero es como mucho un cinco emocional», pero si estás fuera bailando bajo ese aguacero porque tienes quince años y has quedado por primera vez con un chico que tiene coche, es un diez.

Los adolescentes con suerte pueden refugiarse en su familia cuando las cosas van mal fuera. «The Best Day» es el himno de Taylor a su familia, en particular a su madre, Andrea. En esa canción, cuando tiene frío, alguien se asegura de que lleve puesto el abrigo (en su canción hermana de *Speak Now*, «Never Grow Up», tendrá que abrigarse sola cuando haga frío en su nuevo apartamento). En «The Best Day» describe la exclusión social que sufrió a los 13 años. Es una experiencia formativa que moldeará algunos aspectos de su imagen pública, y a la que regresa una y otra vez en sus canciones. El número 13 también se convertirá en su número de la suerte. A partir del Fearless Tour, se pinta el número 13 en el dorso de la mano, dándoles a entender a los fans lo importante que es para ella, tanto personal como profesionalmente. El número 13 estará presente en todas partes: lo usa como emoji para comentar los mensajes de los fans, y un 13 y un 26 adornan la tarta nupcial en el vídeo de «I Bet You Think About Me (feat. Chris Stapleton) (Taylor's Version) (From The Vault)» en 2021. Al igual que con tantos otros desamores, con el tiempo convirtió el 13 en algo positivo que podía compartir con sus fans. Sin embargo, «The Best Day» es la única canción en la que menciona el número 13 (hasta ahora).

Enfrentarse a la vida a los dieciocho no es necesariamente más fácil. En la canción más lluviosa del álbum, la recriminatoria «Forever & Always», Taylor repasa los recuerdos de una relación que llegó a ser tan confusa que tuvo que comunicarse con el chico a través de su monólogo de *Saturday Night Live* (que escribió ella misma, impresionando a los guionistas del programa por lo completo que era. Lo normal es que sean ellos quienes escriben la mayoría de los guiones para los distintos presentadores del programa).[1] «Forever & Always» empieza con la clásica frase «Once upon a time» («Érase una vez»), una de las muchas referencias a cuentos de hadas de *Fearless*, como Blancanieves en «The Best Day» y el bonus track «Today Was A Fairytale». Esta última capta perfectamente el mundo de cuento de hadas de Taylor: el chico que le gusta es un príncipe que en lugar de vestir una levita de seda lleva una camiseta gris de manga corta. Taylor le da una vuelta de tuerca al mismo tema con «White Horse», donde se da cuenta de que a lo mejor peca de ingenua al creer en los finales felices. Habla de la decisión de abandonar el pequeño pueblo que definió el mundo de su álbum debut y a los chicos del lugar, que parecían grandes celebridades para su yo de catorce años. Su mayor sorpresa fue el descubrimiento de que no todo el mundo va a conseguir el «fueron felices y comieron perdices» de los cuentos de nuestra infancia. «White Horse» nos recuerda que, aunque fuera una soñadora, nunca fue una ingenua. Solo hay que recordar las líneas que abren la primera canción de su discografía, «Tim McGraw». Hasta en su fantasía más tierna y romántica reprende al chico de voz suave que le suelta una frase trillada sobre sus ojos azules.

En «White Horse» dice que es mejor tener el corazón roto que quedarte donde el destino te ha colocado sin cuestionarlo. Recordemos a Mary de «Mary's Song (Oh My My My)», a quien su futuro marido y sus propios padres le dibujan un camino perfectamente delimitado, bromeando (aunque de broma no tiene nada) con que se casará con el vecino de al lado e imponiéndole así unas expectativas muy bajas sobre su futuro. Taylor ya estaba poniendo a prueba el concepto del final feliz, del que llegará a dudar seriamente en los siguientes años. «Un cuento de hadas es un concepto interesante. Al final siempre hay un final feliz, pero eso no forma parte de nuestro mundo. Todo es una historia continua y siempre estás luchando contra las complejidades de la vida».[2] Cuando escribió *1989*, su álbum sobre los nuevos comienzos, dijo: «Me di cuenta de que existe la idea del "fueron felices y comieron perdices", que es algo que no se da en la vida real. No te puedes alejar cabalgando hacia el horizonte mientras el sol se pone, porque en la vida real la cámara sigue grabando».[3]

La verdadera esencia de sus historias no se encuentra en los finales felices, sino en el conflicto y la tensión. Taylor, que tiene un talento innato, recogió la necesidad del conflicto, y también de las emociones alegres y optimistas, de cantantes de country como The Chicks (antes llamadas The Dixie Chicks), y unió la tensión de la historia con una melodía pegadiza, como explica en las notas de *Red*: «Me daba la impresión de que mis escritores favoritos tenían ganchos casi musicales en sus obras, ya fuera una poesía o algo al final de un capítulo que te hacía querer leer el siguiente».[4] Esa debe de ser la razón por la que su música nunca cansa. Bueno, vale, si trabajabas en una tienda en 2008 es posible que te merezcas un largo descanso de escuchar «You Belong With Me». Las complicadas letras de Taylor tienen su origen en muchos de los géneros musicales de la primera década del 2000, del emo (dice que Fall Out Boy influyó «más que nadie» en su forma de componer)[5] y del hiphop. Aunque pueda parecer estéticamente alejada de Eminem, el rapero más conocido del mundo cuando salió *Taylor Swift*, o de Lil Wayne, el rey cuando se publicó *Fearless*, difícilmente te puedes dedicar a la música en el siglo XXI sin que su género más dominante te influya. Taylor dice que la primera canción de rap que memorizó fue «Fireman» de Lil Wayne, y ha versionado en el escenario el tema de Eminem de 2002 «Lose Yourself».[6] Su forma directa de cantar y su frecuente uso de notas sueltas repetidas sobre melodías más complejas han estado siempre a un paso de las técnicas de los raperos, algo en lo que se adentrará en «Shake It Off». Por cierto, es imposible que Taylor haya pasado por alto el éxito de 2005 de Mariah Carey «Shake It Off», un tema popero con influencias del hiphop de la antigua generación, caracterizado por sus largas palabras (el novio de Mariah miente «compulsively», ¡cuatro sílabas!) hábilmente adaptadas al ritmo. Taylor supera incluso a Mariah al usar la palabra «absentmindedly», de cinco sílabas, en «Fearless», y llega a las seis sílabas con *miscommunications*» en «The Story Of Us», del álbum *Speak Now*. Aunque Taylor no suene como una rapera tradicional, a veces actúa como tal: su chulería es insuperable. En la gala de los Country Music Awards de 2007, Taylor bajó a las gradas mientras cantaba «Tim McGraw», igual que hizo en su propia gira, para darle una serenata al mismísimo Tim McGraw, y terminó tendiéndole la mano y diciéndole: «Hola, soy Taylor». En 2024, si piensas en Tim McGraw, ¿lo ves a él? El instinto de Taylor para convertirse en el centro de atención y su increíble seguridad en sí misma la ayudaron a ser la estrella que es hoy. Esa seguridad se extiende a su música. ¿Ha usado alguna vez un sample? Sí, de uno de sus propios temas.[7]

Aunque *Fearless* es un álbum soñador y alegre, también se basa en el mundo real del instituto en dos de sus temas más destacados. Taylor dijo que pasó más miedo al entrar en el instituto el primer día de su primer año que cuando salía al escenario delante de miles de personas. El elenco de personajes será reconocible para cualquiera que haya crecido viendo películas y series de adolescentes, desde *Gossip Girl* a *Riverdale*. Los inadaptados adorables, los marginados rebeldes, las reinas del cotarro... «You Belong With Me» invoca la figura más poderosa y oscura del imaginario de las adolescentes: la chica mala. Taylor sabe que su público comprenderá el significado de la capitana del equipo de animadoras, que es todo lo opuesto a lo que ella representa todavía en esa época, una fracasada que lleva zapatillas de deporte y que nunca consigue al chico. Taylor acabará asumiendo todas las cualidades que le atribuye a la novia del chico que le gusta, desde las faldas cortas hasta los gritos por teléfono («*Je suis calme!»).* Su trabajo no consiste en presentar una visión tranquila y sensata de una situación, sino en captar nuestra atención con sentimientos con los que nos podamos identificar, como los celos. Pero dado que en el vídeo de «You Belong With Me» se pone una peluca morena e interpreta a su rival amorosa, sabe que todos podemos representar ambos papeles a ojos de distintas personas. La novia agradable vestida de blanco o la supuesta chica mala con el vestido rojo recortado. En su era *1989*, Taylor se presentará como la animadora, la reina *de facto* del instituto, de una forma que es cada vez menos irónica a medida que se compromete a convertirse en una de las «chicas guays» de las que se reía y a las que quizá envidiaba en secreto en su adolescencia. Utilizar arquetipos femeninos tomados de la mitología estadounidense del siglo XX, como la animadora y la novia, ayudó a Taylor a mantener un mensaje muy claro. A medida que pasa el tiempo, y que llega a comprender lo reducidos que son los roles que se les permite interpretar a las mujeres, empieza a inquietarse por la posibilidad de verse limitada a esos

Su trabajo no consiste en
presentar una visión tranquila
y sensata de una situación,
sino en captar nuestra
atención con sentimientos
con los que nos podamos
identificar, como los celos.

estereotipos. En *folklore* será una «loca» y en «Anti-Hero» de *Midnights* se convertirá en un monstruo. Pero de momento, es una adolescente normal y corriente que debe averiguar que existen roles encorsetados antes de poder rechazarlos.

En «Fifteen», un magnífico documento de lo intenso y transformador que fue ese año, Taylor acierta de lleno en cómo una adolescente puede ser a la vez tímida y vulnerable (ruborizándose cuando un chico guapo le guiña un ojo) y llena de bravuconería (crees que lo sabes todo, MAMÁ). Aparece incluso la primera insinuación al sexo en su música, en la historia de su mejor amiga, Abigail, que sufrió un desengaño con un chico al que se lo entregó «todo». Con solo dieciocho años, Taylor ya recordaba sus experiencias adolescentes con compasión, como si hubieran tenido lugar en un pasado lejano. Esas experiencias han pasado a formar parte de su mitología personal al escribirlas en canciones y luego escucharlas cantadas por miles de personas. Oír los primeros trabajos de Taylor es como oír un mito escrito en directo. El poder de la canción

Taylor ya recordaba sus experiencias
adolescentes con compasión,
como si hubieran tenido lugar
en un pasado lejano.

se pone aún más de manifiesto en «Fifteen (Taylor's Version)». Oír a una Taylor adulta —una mujer que ha logrado un éxito profesional inimaginable, que a nivel artístico se expresa con genialidad y que les ha alegrado la vida a millones de personas— reflexionar sobre su deseo de conseguir más cosas en la vida que salir con un chico resulta conmovedor. A todos nos habría venido bien ese consejo a los quince años si hubiéramos estado dispuestos a escucharlo. La vida puede dar miedo cuando sales de debajo de la manta y te atreves a sentir la lluvia que cae al otro lado de la ventana. Pero eso es lo que significa crecer en el Taylor-verso: sentir miedo y bailar de todas formas.

FEARLESS

Mención especial

«LOVE STORY»

Sobre el papel, esta canción no parece nada del otro mundo. Una reinterpretación de la historia de amor clásica de Romeo y Julieta, en la que se elimina lo que ha hecho que esa historia perdure a lo largo de los siglos: el final. «Love Story» se carga la tragedia, pero mantiene el dramatismo. Es perfecta. Ninguna referencia a princesas, vestidos de baile o Shakespeare es una exageración si estás enamorada.

En las canciones de Taylor se menciona la memoria a menudo. Como ella misma dijo: «Lo único que tenemos son nuestros recuerdos y la esperanza de los recuerdos futuros. Me gusta ofrecer a la gente una banda sonora que los acompañe».[8] «Love Story» usa un recurso sacado directamente de la literatura clásica: una Julieta mayor que recuerda la primera vez que vio a Romeo, cuando eran jóvenes. Pero el camino del amor verdadero no es fácil. El padre de Julieta les prohíbe estar juntos. Al parecer, quien le inspiró esta idea a Taylor fue su propio padre, Scott, que, aunque no parece el tipo de hombre que va por ahí agitando una escopeta, no sabía muy bien si el chico que le gustaba por aquel entonces a su hija era de fiar o no.[9] Taylor se encerró con un portazo en su habitación y escribió la canción en veinte minutos.[10]

Taylor se inspiró en «enamoramientos que había tenido a lo largo de la vida», en películas románticas y, por supuesto, en Shakespeare. Para explicar el drama tan simple y cotidiano de una chica que quiere estar con un chico, dijo: «Como escritora, intentas ampliar los momentos. Intentas coger una microemoción o un sentimiento que tenías durante dos minutos al día, ampliarlo y explorarlo».[11] Taylor se acerca a su personaje, Julieta, siguiendo cada uno de sus movimientos y emociones, desde que entra en el baile hasta el discurso que le suelta a Romeo en algún sitio de las afueras de la ciudad, un lugar en los márgenes donde no se aplican las reglas fiables de la vida en un pueblo pequeño. ¿Y si esa historia de amor no acabara con el matrimonio? Al igual que en la versión de Shakespeare, el villano de esta historia es la falta de comunicación. Pero aquí Taylor es la dramaturga y dice: «He añadido el final porque quiero ese final [...]. Es la chica cursi que hay en mí».[12]

La tensión aumenta cuando una Julieta confusa le pide respuestas a Romeo en la que es la mejor parte de una canción jamás escrita. Aunque la situación sea difícil, ¿su amor es real? Parece que toda su juventud se detiene en ese momento, esa sensación de esperar a que empiece la vida. Julieta, y la música, explotan con la efervescencia de una botella de champán agitada. La tonalidad cambia también al tiempo que lo hace la vida de Julieta. ¡Él quiere estar con ella! Romeo es el héroe moderno por excelencia: calma al padre enfadado e incluso organiza la boda. Julieta solo tiene que elegir el vestido.

Hay algo atemporal en «Love Story». El proceso de regrabación de sus seis primeros discos ha aumentado el escrutinio sobre esos trabajos de sus inicios. Hay cancio-

La letra de «Love Story»
sigue siendo la más buscada
en internet de todo
el repertorio de Taylor.

nes como «Fifteen» que nos parecen más conmovedoras, mientras que «You Belong With Me» y «Better Than Revenge» no encajan mucho con la Taylor que conocemos hoy, pese a la fuerza de sus letras. «Love Story» podría haberse escrito ayer mismo. Habla del enamoramiento y del matrimonio, pero en realidad podría referirse a cualquier sueño por el que has dado tanto que temes que se te escape. Romeo lo es «todo» para Julieta, al típico estilo adolescente de «todo o nada». Esa pasión sin matices de gris, o blanco o negro, es el núcleo de la canción. A todos los fans les gusta esta canción, desde los niños a los padres, sin importar a qué segmento demográfico pertenezcan. Quizá te enamoraste de ella en 2008 porque llegó justo cuando estabas experimentando por primera vez los tímidos pasos del amor adolescente y te identificabas por completo. O tal vez seas de los que la escucharon en el restaurante de la serie *The Bear* y descubriste su increíble energía. Sin importar dónde te encuentres, si esta canción empieza a sonar es perfectamente normal echar rodilla al suelo y ponerte a cantar a gritos. Después de todos estos años, la letra de «Love Story» sigue siendo la más buscada en internet de todo el repertorio de Taylor. Las chispeantes notas iniciales del banjo significan ahora mucho más que la permanencia de Taylor en el country: es el sonido del romance puro, de la anticipación nerviosa y del triunfo pese a todas las adversidades.

3

El cuento de hadas definitivo

SPEAK NOW

os tres primeros discos de la carrera de Taylor —*Taylor Swift*, *Fearless* y *Speak Now*— se escribieron mientras ella se forjaba en la fragua de la adolescencia, mientras pasaba de ser una chica normal a una potencial y rutilante superestrella. Taylor siempre ha estado estrechamente asociada a la idea de una chica adolescente y nunca perderá esa parte juguetona e inocente. Sin embargo, de la adolescencia también se sale, aunque haya que prenderlo todo en llamas. En un futuro lejano, en *Midnights*, escribirá una canción sobre el final de su adolescencia titulada «Would've, Could've, Should've», y viajará en el tiempo para estrechar entre sus brazos a la Taylor de «Dear John». Sabe que está atravesando el *Ragnarök* de la adolescencia, dejando atrás sus antiguas creencias para que pueda emerger la mujer. Es inevitable, pero desolador (¿volvemos a *Fearless* y hacemos como si nada de esto estuviera pasando?). Al reflexionar sobre la creación de *Speak Now* mientras se preparaba para publicar la versión regrabada en 2023, Taylor describió la época entre los dieciocho y los veinte años como «incandescente por los últimos halos de luz del sol poniente de mi niñez».[1] Se aferró a la adolescencia por sí misma, y por nosotros, durante un álbum más.

Su anterior álbum, *Fearless,* trataba sobre el deseo de que la varita mágica del amor te transforme y sobre lo difícil que resulta que el resto del mundo te trate como a la princesa de un cuento de hadas, o simplemente como a un ser humano. Taylor tuvo que enfrentarse a un creciente aluvión de críticas que iban desde la fuerza de su voz hasta las acusaciones de haberse convertido en un mal ejemplo para los jóvenes.[2] Con el objetivo de mantener el control, tuvo que crear su propio castillo, convirtiéndose en la damisela de sus canciones y vídeos, al tiempo que elegía a chicos guapos y encantadores como sus parejas románticas (¡quién pudiera!). En «Long Live», la última canción de *Speak Now*, se cansó de ser la princesa. La canción también es su declaración de intenciones sobre la vida adulta: se describe a sí misma y a sus amigos como «reyes y reinas» que se lanzan a un futuro desconocido. A partir de ese momento, se presenta como una dirigente: se llama a sí misma «reina» en canciones como «Blank Space» y «King Of My Heart». En «Castles Crumbling (feat. Hayley Williams) (Taylor's Version) (From The Vault)», del álbum *Speak Now,* incluso se considera la soberana de un imperio, aunque esté en peligro constante de derrumbarse. Es majestuoso oír que empieza a ostentar su poder. Más de diez años después, será aún más increíble oírla acusar al hombre que destruyó su autoestima en «Would've, Could've, Should've». Esta dolorosa y poderosa canción es mucho más conmovedora teniendo en cuenta la imagen tan encantadora de su adolescencia que creó con su música.

Taylor tenía veintiún años cuando *Speak Now* salió a la venta y, en vez de graduarse en la universidad como la entendemos todos, ella lo hizo en la universidad de la opinión pública, con premios Grammy como sus diplomas. La época de los quince a los diecinueve años se menciona más en las canciones de Taylor que el resto de rangos de edad juntos. Según ella, la última etapa de la adolescencia son los años «más turbulentos emocionalmente», pero también «los más idealistas y optimistas» en la vida de alguien, y ambas cosas se captan en *Speak Now*, que muestra nuevas formas de ser Taylor.[3] Hay un atisbo de la Taylor famosa, pero no escribe canciones sobre lo horrible que es serlo: «He querido una cosa toda la vida... No voy a conseguirla para luego quejarme».[4] *Fearless* tuvo una curiosa doble existencia. Fue el álbum más vendido del año en Estados Unidos. Ganó el Grammy al Disco del Año y, aunque la reputación de estos premios ha ido disminuyendo con cada exclusión sistemática (justicia para Beyoncé), a Taylor le importan los Grammy y, por tanto, también a sus fans. Los Grammy se otorgan por votación de otros músicos y de otras personas de la industria, y es normal querer esa aceptación de la gente con la que trabajas. De hecho, lo único que quiere cualquier adolescente es ser aceptado. Una adolescente que escribió todo sobre ser «Invisible» y sobre «The Outside» en su álbum debut estaría levitando de orgullo si le entregaran la más dorada de las estrellas de oro por una nota perfecta.

Sin embargo, aunque *Fearless* fue un bombazo para las muchísimas personas que lo compraron ya en la primera semana desde su lanzamiento... Un momento, aquí tenemos que hacer una pausa y pararnos a repasar los datos de ventas de *Fearless*. En 2008 el número total de discos vendidos en Estados Unidos cayó desde los 500 millones a los 428 millones, una señal de que la industria musical tenía que preocuparse e ir buscando de dónde iban a salir los próximos 100 millones de dólares.[5] Taylor destrozó esa tendencia al vender 4 millones de copias de *Fearless* en un año. El álbum gustó tanto a su público objetivo como a los aliviados e impresionados votantes de los Grammy, que necesitaban que la industria musical siguiera generando beneficios. A medida que la estrella de Taylor ascendía, más personas se daban cuenta de que se etiquetaba a una adolescente como la próxima reina de la música, y eso no podía ser verdad. Aunque en 2008 empezaban a mitigarse las críticas «roqueras» que solo valoraban la música acompañada de guitarras y compuesta por hombres que cantaban sobre beber whisky mientras iban de un estado a otro, y eran reemplazadas por un enfoque más «poptimista» que veía la importancia de un rango musical más amplio, todavía había mucho resquemor infundado.

Empezaron a salir críticas sobre la voz de Taylor, con titulares como «Hey, Has Anybody Noticed That Taylor Swift Can't Sing?»[6] [«Oye, ¿alguien se ha dado cuenta de que Taylor Swift no sabe cantar?»]. A Taylor le irritaba la escalada de escepticismo sobre su talento después de su histórica victoria en los Grammy (fue la artista más joven en ganar el Disco del Año, hasta que Billie Eilish lo ganó en 2020): «De repente, la gente tenía dudas sobre mi voz, [...] no estaban seguros de si era yo quien escribía las canciones, porque a veces me había acompañado algún coautor».[7] Taylor reaccionó con su característica diligencia: tomó clases de canto y se preocupó por la posibilidad de perder todo aquello por lo que tanto se había esforzado.

Su voz es más potente de lo que algunos críticos le atribuyen. No fue su voz lo que le consiguió el contrato discográfico, pero hay una cruda verdad que la gente no sabe: ser una buenísima cantante no te convierte en una estrella del pop. De hecho, el «mejor» cantante en un escenario a menudo es uno de los coristas.[8] Lo que marca la diferencia en el pop es ser capaz de interpretar y vender una canción al oyente, por eso los cantantes que más han gustado a lo largo de la historia de la música han sido aquellos con una voz y una historia que contar únicas, desde Bob Dylan a Britney Spears. Avergonzar a los cantantes por sus errores humanos es lo que ha hecho que el Auto-Tune se extienda tanto, otorgándoles un carácter robótico a las voces modernas que apenas se nota a menos que te pongas a escuchar a cantantes de los noventa y anteriores (los temblores desafinados de una voz vintage son ya tesoros del pasado). Una vez dicho esto, Taylor es una buena cantante. Cuenta con ventaja a la hora de interpretar sus propias canciones de maravilla porque las escribió para su registro vocal y sus puntos fuertes, como su talento para soltar secuencias complejas de versos o pronunciar las palabras prácticamente susurrando. Lo describió así: «Tus [propias] canciones son fáciles..., encuentras ese lugar en tu voz en el que no estás al límite, y te dejas llevar».[9] Incluso a cantantes increíbles como Kelly Clarkson les resulta un desafío considerable interpretar las canciones de Taylor. La versión de Kelly de «Clean» es preciosa, aunque como soprano le cuesta dar las notas más graves de Taylor; su «Delicate» es incluso más complicada, porque la canción tiene un verso, insistente y machacón, que pone en evidencia cualquier pequeño error. ¡No elijas «Delicate», «Out Of The Woods» o «Lover» para el karaoke! Empezarás a dudar de ti mismo al llegar al cuarto «*my*» idéntico en «Lover» y te derrumbarás. Es en esos momentos cuando se comprende la potencia de Taylor como cantante y lo mucho que se compromete con sus actuaciones.

Acicateada por las críticas roqueras sobre *Fearless*, Taylor se aseguró de componer en solitario todas las canciones de *Speak Now*, y también de producir y aportar muchas de sus propias armonías vocales. En su álbum debut, había escrito tres canciones ella sola, incluida la magnífica «Our Song», y había colaborado con la brillante compositora de Nashville Liz Rose en muchas otras. En *Fearless*, fueron siete canciones, incluida «Love Story». A día de hoy, sigue sacando una canción en solitario por álbum, solo para recordarnos que puede hacerlo: «my tears ricochet», «no body, no crime (feat. HAIM)» y «Vigilante Shit» son completamente suyas. Algunas de las canciones de *Speak Now* son versiones perfectas de conceptos que ya había explorado antes: «Sparks Fly» es una canción romántica sobre la energía cinética del proceso de enamorarse, al igual que «Fearless». «Mine» no es ni más ni menos que una obra maestra de letras ajustadas como una caja puzle hecha por un hábil carpintero. De hecho, *Speak Now* como álbum es una obra maestra en el sentido antiguo del concepto: el ejemplo perfecto del trabajo de un artesano, presentado para demostrar que lo es por derecho propio. No necesariamente su mejor obra —esa podría estar por llegar—, pero sí la que demuestra que se ha alcanzado la madurez. La pertenencia de Taylor al antiguo gremio de los auténticos compositores quedó patente con *Speak Now*, durante cuya gira pasó de tocar en recintos más pequeños a hacerlo en grandes estadios, la señal definitiva de haber triunfado como artista superestrella. Además de dejar clara su postura, escribir sus propias canciones significó que Taylor empleó su propio instinto para estructurarlas. Las canciones se alargaron más e incluyeron un nuevo elemento que solo se insinuaba en *Fearless*. Es ese punto del tema en el que los oyentes viven, lloran, mueren y vuelven a la vida. El característico puente swiftiano.

Lo encontramos por primera vez en «Back To December». La canción ya es territorio inexplorado para Taylor, ya que está reconociendo sus propios errores por primera vez. Fue ella quien le rompió el corazón a otra persona y, después de tantas canciones deseando que alguien llamara a su puerta, es ella quien está en la puerta de otra persona para pedirle una nueva oportunidad. Justo cuando crees que sabes de qué va la canción, a los tres minutos y ocho segundos, le da una vuelta de tuerca, subiendo un apasionado puente que acaba en resignación y arrepentimiento (yo personalmente la tengo metida en mi playlist para llorar). A los cuatro minutos de la obra magistral sobre relaciones tóxicas, hacer luz de gas y amarga decepción que es «Dear John», Taylor pasa del registro resignado con el que empieza la canción a soltar el puente con un grito de dolor. Masculla una lista de las increíbles habilidades de John para la manipulación emocional, como cambiar constantemente las reglas sobre cómo complacerlo. Esto tiene el espantoso efecto secundario de que Taylor se obsesiona con intentar resolver el puzle que es ese hombre. Al final, hace lo único que puede hacer, que es huir, sin contestar sus llamadas. Se ha especulado mucho con la identidad de «Dear John», y también se ha debatido si está bien que Taylor incluya el nombre de otra persona en sus canciones. Es difícil: Taylor tiene una plataforma tan enorme, y una capacidad tan seductora para expresar sus emociones, que contar su propia historia puede acarrear consecuencias no intencionadas, con ingentes comentarios desagradables dirigidos a los que se sospechan que son sus ex. Durante muchos años, dejó de cantar «Dear John» en sus conciertos, y cuando por fin la trae de vuelta para The Eras Tour, les dijo a sus fans muy clarito que no los estaba animando a que

atacaran a nadie: «No voy a sacarlo [*Speak Now (Taylor's Version)*] para que sintáis, no sé, la necesidad de defenderme en internet de alguien sobre el que creéis que podría haber escrito una canción hace catorce mil millones de años».[10] Es normal sentir curiosidad por los famosos con los que Taylor podría haber salido, pero, aunque fuera el John que trabaja en la gasolinera de Wyomissing, la canción tendría la misma fuerza. Las canciones de Taylor tratan de su vida, pero pasaron a hablar de las nuestras. Un documento firmado por ella en el que nos diga de quién trata cada una de sus canciones no cambiaría el hecho de que

13

Las canciones de Taylor tratan de su vida, pero pasaron a hablar de las nuestras.

tenemos la sensación de que las ha escrito para nosotros, de que describen nuestras vidas reales («¿cómo sabía eso?», nos preguntamos). Tal como escribió ella misma al publicar la versión regrabada de *Speak Now* en 2023: «Es tuya, es mía, es nuestra».[11]

Los mejores puentes de este álbum están todos en las canciones tristes, y no hay ningún tema que merezca más estar en una playlist para llorar que «Last Kiss». Esta canción tiene esa melodía engañosamente sencilla que da la sensación de haber existido siempre. El ritmo, que insiste con suavidad, recuerda a la lluvia en la ventana mientras Taylor se derrumba en el suelo, recordando la promesa rota de su ex de quererla para siempre. El aguacero es una llamada a «Fearless», cuando el tiempo deja preparado el escenario para un glorioso primer beso; «Last Kiss» es el final de esa historia. Cuando la interpreta en la gira, Taylor dice, certera: «Es hora de tocar "Last Kiss" y llorar».[12] Como retrato de una relación, transmite muchísimo con pocas palabras: el ex es un chulo y un juerguista, un tío que interrumpe de forma grosera a Taylor cuando intenta hablar, y ella lo quería precisamente por eso, no pese a ello. Esta canción tiene muchos Taylor-ismos de su primera etapa, como la hora tardía (1:58), el suelo empapado por la lluvia, presentarle a alguien a su padre. Es hora de despedirse de algunas de esas cosas: el padre de Taylor tiene su momento en «All Too Well (10 Minute Version) (Taylor's Version) (From The Vault)» y, aunque seguirá hablando de la lluvia y las madrugadas, nunca volverán a ser omnipresentes. *Fearless* tenía cinco canciones que mencionaban la lluvia; *Speak Now*, tres. Taylor ha fijado la

13

Taylor ha fijado la lluvia romántica
como uno de sus símbolos
mágicos y, a partir de ahora,
la utilizará con moderación,
confiando en que la reconozcamos
como un recordatorio de ese
punto de referencia tierno
y romantiquísimo.

13

lluvia romántica como uno de sus símbolos mágicos y, a partir de ahora, la utilizará con moderación, confiando en que la reconozcamos como un recordatorio de ese punto de referencia tierno y romantiquísimo. A menudo, la lluvia está enterrada en los temas menos conocidos del álbum que les encantan a los fans, como «Everything Has Changed» o «Clean». En el futuro, nos llevará hasta el principio, cerrando el círculo, en «Midnight Rain», y nos dirá que ella es el título, la encarnación de los sentimientos profundos, de la atrevida exploración emocional e incluso la melancolía.

Además de animar a Taylor a expandir su forma de componer hasta un punto que ni habríamos imaginado, otra cosa buena de las críticas a *Fearless* fue que activó a la Taylor vengativa, un personaje swiftiano genial en su rencor que nos ha traído canciones como «Look What You Made Me Do» y «Karma». Un crítico que calificó su forma de cantar como «espantosa» inspiró la madre de todos los temas vengativos, «Mean», en el que lo describe como a un tío que se pone tonto cuando se emborracha en un bar viendo deportes y que no puede dejar de hablar de ella a todas horas. Taylor dice que se va a vengar convirtiéndose en alguien tan poderosa e importante que las palabras del crítico ya no podrán hacerle daño. Eso se hizo realidad: ningún crítico de música tiene más poder que Taylor Swift en la actualidad.

Las canciones vengativas de *Speak Now* fueron escritas por una Taylor dolida que se revolvía; en 2014 dijo: «Una parte interesante de haber crecido volcando todos mis pensamientos más íntimos, mis lecciones, mis dudas, mis miedos y mis problemas de ira en estas canciones y estas letras es que, a veces, cambias de opinión».[13] «Better Than Revenge» es una de esas canciones. Refleja claramente el trabajo de Hayley Williams, amiga íntima de Taylor y cantante del grupo emo Paramore. Es uno de los poquísimos errores de Taylor. La canción «Misery Business» de Paramore comparte ADN con «Better Than Revenge»: ambas hablan de los celos y la competencia entre rivales en el amor, que se rebajan a lanzarle insultos sexistas a la otra chica. «Better Than Revenge» es una canción de rock más directa, sin el tono maleducado y las guitarras machaconas de la canción de Paramore, y con una letra que menciona el patio de recreo, un lugar que Taylor suele visitar para hablar de bullying, muy mal empleado aquí, por desgracia. El detalle más interesante es que cuando volvió a grabar la canción como parte de *Speak Now (Taylor's Version)*, expresó su arrepentimiento retocando la letra. Desde que se anunció el proyecto, los fans habían debatido si Taylor sustituiría, o si debería sustituir, la insultante letra. Taylor había superado ese sentimiento hacía mucho: «Tenía dieciocho años cuando lo escribí. Esa es la edad en la que crees que alguien puede quitarte a tu novio. Luego maduras y te das cuenta de que nadie puede quitarte a alguien si esa persona no quiere irse».[14] Cambiar la letra desbarató el proyecto de regrabar tal cual, aunque hay que tener en cuenta que estaba obligada legalmente a hacer que los álbumes regrabados se distinguieran de los originales.[15] Por lo general se aprecia que no son las mismas canciones por la voz de Taylor, que se ha enriquecido con el tiempo y la práctica. Pero quizá esta era una oportunidad perfecta para marcar la diferencia y enmendar una antigua afrenta de un plumazo. Finalmente cambió la palabra «mattress» («colchón») por «matches» («cerillas»).

El recorrido de Taylor con la composición y con hacerse responsable de sus opiniones en pleno calentón —¡habla ahora!, que es lo que nos dice el álbum— le da más sentido al título del álbum. La idea original era que se titulara «Enchanted», como su canción más emotiva de todos los tiempos, en la que habla de la emoción de conocer a alguien nuevo, pero la cambió después de escuchar la opinión del jefe de su sello, Scott Borchetta. Aunque no nos guste todo lo que hace Scott, en esa ocasión tenía un argumento de peso. Le dijo: «Taylor, este álbum ya no va de cuentos de hadas ni del instituto. Ya no estás ahí».[16] Así que Taylor bautizó el álbum con el título de la canción «Speak Now», que trata sobre hablar con su propia voz. Es divertida y teatral, pero no es exactamente el himno de empoderamiento que cabría esperar. Sin embargo, sí que revela que Taylor no es la chica obsesionada con las bodas que cree mucha gente. Aunque el vídeo de «Mine» va sobre una pedida, y Taylor planeó otra boda en el escenario para los conciertos del Speak Now Tour, explicó que lo usaba como símbolo, no como una declaración de lo que deberíamos buscar: «La verdad es que no soy esa chica que sueña con su boda. Simplemente parece el momento ideal del felices para siempre. Es curioso que mis referencias a bodas siempre han sido en plan «Cásate conmigo, Juliet», y ahora en *Speak Now* voy a destrozar una».[17]

Fue mucho más difícil olvidarse de la historia de amor totalmente swiftiana de *Speak Now*: ¿se acabaron las noches estrelladas, los vestidos vaporosos y la lluvia torrencial? Desprenderse de la adolescencia fue lo más duro de todo, tanto para Taylor como para los fans que conecta-

13

Siempre podremos retroceder
en el tiempo y escuchar los tres
primeros discos de Taylor para
disolvernos en el hechizo de su
luz cuando nos apetezca.

13

ban con la iconografía de esta época. Siempre podremos retroceder en el tiempo y escuchar los tres primeros discos de Taylor para disolvernos en el hechizo de su luz cuando nos apetezca. Eso es lo que nos demuestra el vestido lavanda que lleva en The Eras Tour para cantar «Enchanted»: que está orgullosa de cuando cantaba esa «*piii* de country» solo para chicas y nunca se avergonzará de ello. El vestido es una maravilla. Diseñado por Nicole + Felicia,[18] es el más rutilante que vas a ver en la vida, confeccionado con 500 metros de tul con purpurina y adornado con 3.000 cristales. Sus múltiples capas ocupan metros y metros en el escenario. Es la adolescente que la Taylor adulta lleva dentro, guardada en una caja de recuerdos y a la que saca para que baile bajo los focos, convertida en el centro de atención, como siempre soñó.

Artísticamente, Taylor había llegado tan lejos como podía con el tema de los cuentos de hadas y la nostalgia de la adolescencia. Volvería a cantar sobre la adolescencia en su álbum de 2021, *folklore*, y su perspectiva cambiaría mucho. Además, ella sabe mejor que nosotros cuándo necesita reinventarse. Los fans que habían crecido con ella estaban desperdigados por el mundo y querían música que los ayudara a dar sentido a sus vidas actuales. Aunque *Speak Now* fue un gran éxito comercial, ninguna canción lo petó tanto como «Love Story» o «You Belong With Me». La música es voluble, y Taylor ya no resultaba nada nuevo. Para seguir siendo popular y mantenerse en el candelero, tendría que buscar la forma de cambiar. Durante la era *Speak Now*, Taylor empezó a ajustarlo todo, desde su sonido hasta el equipo que la rodeaba. Hasta el momento, su ropa y el vestuario que usaba en las actuaciones se lo proporcionaba Sandi Spika Borchetta, mujer de Scott y más adelante vicepresidenta creativa de su discográfica, Big Machine. Más o menos por esa época, Taylor se cambió a otro estilista, Joseph Cassell, que sigue siendo su asesor de moda en la actualidad. Juntos, renovarían su imagen, armándola con looks más deliberados para ayudarla a construir su narrativa, no solo poniéndole vestidos bonitos.

Sin embargo, que se hayan acabado los cuentos de hadas no quiere decir que ya no haya símbolos mágicos por descubrir. En 2009 surgió uno nuevo, cuando Taylor hizo una sesión de fotos para la revista *Allure*. La maquilladora Gucci Westman sugirió un color de labios concreto que creía que le quedaría de vicio. Andrea, la madre de Taylor, dijo que ni hablar. La imagen de su hija era joven y dulce, no la de una buscona. Sin embargo, Gucci y Taylor se salieron con la suya. Taylor había empezado a dejar entrever su rabia en el tercer álbum, pero en ninguna parte menciona el color que se convertiría en su sello. El único indicio de lo que estaba por venir se encontraba en la portada de *Speak Now*: llevaba un vestido morado, pero sus labios eran de un rojo fuego.

UNA PLAYLIST DE CANCIONES DE TAYLOR SWIFT QUE NO VAN SOBRE NOVIOS

AMIGOS Y FANS

- «Long Live»: graduación del instituto; un himno para sus amigos, para sus compañeros de grupo y, al final, para el fandom.
- «When Emma Falls In Love (Taylor's Version) (From The Vault)»: un tierno retrato de una amiga, que se supone que es su amiga de toda la vida, la actriz Emma Stone.
- «New Romantics»: salir de fiesta con tus amigos es divertido.
- «dorothea»: que una amiga se haga famosa y ya no vuelvas a verla.
- «mirrorball»: la sempiterna necesidad de Taylor de actuar para sus fans. En el puente trata el tema de tener que suspender la gira de *Lover* por el covid-19 y deja clara su entrañable dedicación.

FAMILIA

- «The Best Day»: la alegría y la inocencia de la adolescencia.
- «Never Grow Up»: la angustia de saber que la adolescencia se ha acabado; un primer momento de dolor por la idea de perder a tus padres.
- «Safe & Sound (feat. The Civil Wars)»: el amor de una hermana mayor por su hermana pequeña.
- «Ronan»: en recuerdo de Ronan, hijo de tres años de Maya Thompson (acreditada como coautora), escrita desde su perspectiva.
- «Soon You'll Get Better»: se podría decir que la canción más íntima que ha lanzado Taylor, o por la que se produjo una reunión de la familia Swift para acordar si incluirla en el álbum *Lover*. Sobre el diagnóstico y el tratamiento de cáncer de la madre de Taylor, Andrea, y su miedo a perderla.
- «marjorie»: sobre la vida de Marjorie Finlay, abuela de Taylor y cantante cuya voz se puede oír de fondo interpretando un aria de la ópera *La rondine*, de Puccini.

VIDA

- «A Place In This World»: una Taylor jovencísima se pregunta qué camino tomará su vida.
- «22»: los problemas y las alegrías de ser ya mayor de edad, sobre todo siendo Taylor Swift.
- «Welcome To New York»: la emoción de mudarte a la gran ciudad, donde puedes ser quien quieras.
- «seven»: recuerdos de la infancia de Taylor en Pennsylvania.
- «You're On Your Own, Kid»: una Taylor jovencita se da cuenta de que el afán en la búsqueda del amor y del éxito trae cosas buenas y cosas malas.
- «this is me trying»: los retos de no tener un objetivo y de la adicción.
- «evermore (feat. Bon Iver)»: la depresión.

POLÍTICA

- «The Man»: FEMINISMO.
- «Miss Americana & The Heartbreak Prince»: un instituto hechizado refleja la situación de Estados Unidos.
- «You Need To Calm Down»: ¡igualdad! Los derechos LGTBQ+ en concreto.
- «Only The Young»: alentar a los jóvenes a involucrarse en la política después de la elección de Donald Trump.
- «mad woman»: ¡feminismo otra vez! Aunque la canción se dirige a un hombre que le ha hecho

daño, también va de que la rabia de las mujeres incomoda a los demás.

HISTORIAS VARIAS

- «the last great american dynasty»: una historia basada en la vida de Rebekah Harkness, cuya casa de Rhode Island compró en 2013. Si alguna vez decide venderla, debería comprarla el gobierno y convertirla en un museo.
- «epiphany»: la experiencia de la guerra y de trabajar en sanidad durante la pandemia de covid-19.
- «no body, no crime (feat. HAIM)»: la historia del asesinato por venganza del hombre que mató a tu mejor amiga y cómo salir de rositas.
- «cowboy like me»: una canción que cuenta la historia de ser un estafador y enamorarte de todas formas.

prohibido chicos

Mención especial

«LONG LIVE»

La guitarra de color verde azulado de Taylor con adornos de peces koi naranjas en el centro está habitualmente en el Salón de la Fama de la Música Country. En julio de 2023, parecía que se había llevado a cabo un robo con éxito, porque la guitarra había sido sustituida por un cartel en el que se leía «objeto retirado de forma temporal». La quinta sección del espectáculo de The Eras Tour está dedicada a *Speak Now*. Acaba con «Enchanted», y Taylor se marcha con su brillante vestido, preparada para volver con su reencarnación de «22». El 7 de julio no se fue. En cambio, cogió su guitarra con peces koi y tocó «Long Live», que habla de su «increíble, maravilloso y precioso grupo de ladrones».[19] Y el público enloqueció.

Que algunos de los miembros de su grupo estén con ella desde sus primeras actuaciones, cuando todavía era telonera de veteranos del country como George Strait, dice mucho de Taylor y de las excelentes relaciones que establece. Escribir una canción tributo a su grupo es justo el toque personal por el que la queremos. Las semillas para esta canción, casi un himno, sobre la lealtad y la vida en la carretera se plantaron en «Change», de *Fearless*, que va sobre la esperanza de Taylor de convertirse en estrella a pesar de estar en una discográfica pequeña.[20] En ambas canciones libra batallas con su reducido grupo de colegas. «Long Live» es más imponente y conmovedora, y más específica a la hora de captar el resplandor de la gloria, desde el confeti que cae, como en un concierto, hasta las gorras de béisbol y los vaqueros rotos que lleva su grupo de curtidos músicos en las giras.

«Long Live» describe cómo Taylor y su leal grupo tiraron abajo las paredes que la encerraban en las letras de «Change». Derribaron las barreras a las que se enfrentaba Taylor en la música y construyeron su carrera de los escombros: «Esta canción va de mi grupo, y de mi productor, y de todas las personas que nos han ayudado a construir esto, ladrillo a ladrillo. Los fans, las personas con las que creo que estamos juntas en esto; esta canción habla de los momentos triunfales que hemos vivido en los últimos dos años».[21] El triunfo al que hacía alusión fue el premio a Artista del Año en los Country Music Awards, en 2009. Faith Hill y Tim McGraw entregaron el premio, y dijeron a modo de presentación: «La música country es música para todos de verdad. Nunca ha sido más evidente con la diversidad de los nominados de esta noche», refiriéndose a Taylor y a un hombre que no llevaba sombrero vaquero.[22] Como parte de su discurso, Taylor hizo subir al escenario a su grupo para que compartiera el premio con ella, y nombró a varias personas como Mike Meadows, Amos Heller y Paul Sidoti, que siguen tocando a su lado en The Eras Tour. Fue un gesto elegante para reconocer que las actuaciones en directo se construyen con un grupo de personas y que ninguna pista pregrabada podrá reemplazarlos jamás.

Los fans se han apropiado de «Long Live», ya que se ven reflejados en el verso que dice que la multitud enloquece..., y bien que lo hace cuando tocan la canción en directo. Cuando Taylor aceptó su premio como Artista del Año, también agradeció a «los fans que van a los conciertos con las camisetas que vosotros mismos habéis diseñado. Las expresiones de vuestras caras son por lo que hago esto. Gracias por este momento».[23] Además de ser una carta de amor personal, «Long Live» es como una canción de graduación. La década estaba llegando a su fin y ella estaba honrando el momento con sus mayores éxitos. Al fin y al cabo, no podía saber con certeza lo que pasaría a continuación. La canción habla de «pretenders», que hace referencia tanto a la falsedad como a las personas que usurparían su puesto como la reina. Cuando Taylor volvió a los Country Music Awards para reclamar su corona como Artista del Año en 2011, llevaba de gira con *Speak Now* todo el año. La música country había cambiado en ese tiempo: solo dos de los nominados llevaban sombreros de vaquero en esa ocasión. El problema era que no cambiaba lo bastante deprisa para ella. Cuando ganó, leyó una lista (que llevaba escrita en el brazo, de la misma manera que se escribía letras y frases para decir en los conciertos) de los artistas a los que quería dar las gracias por actuar en su gira. Junto con Tim McGraw y Kenny Chesney, dio las gracias a Nicki Minaj y a Usher. Saltaba a la vista que estaba haciendo contactos fuera de la música country.

La Taylor que se escribía letras y el número 13 en el brazo durante la gira de *Speak Now*, y que cantaba canciones sobre dragones y princesas todas las noches, también era la Taylor que pasó seis meses incapaz de componer. No daba con la tecla para describir aquello por lo que estaba pasando: «Hay cosas malas que se vuelven tan agobiantes que ni siquiera puedes escribir del tema. Cuando sientes un dolor tan agudo que supera lo disfuncional, que te deja con tantas emociones que no puedes filtrarlas y convertirlas en emociones más sencillas sobre las que escribir, sabes que tienes que largarte».[24] Taylor se presentó un día a ensayar sintiéndose «un ser humano destrozado», convencida de que no le quedaban canciones dentro. Tocar con su grupo de forma improvisada fue lo que le devolvió la chispa creativa. Se sentó y «acabé tocando solo cuatro acordes una y otra vez. El grupo se fue uniendo, como Amos Heller con el bajo. La gente empezó a tocar conmigo sin más. Creo que se daban cuenta de lo que me estaba pasando. Y yo empecé a cantar, y a hacer riffs, y a improvisar una canción que, básicamente, era...».[25] ¿Adivinas cuál?

13

4

Lo recuerdo

RED

*P*ara el lanzamiento de su álbum *Red* en 2012, Taylor tocó un cuantas canciones nuevas delante de una sala de afortunados fans, a los que presentó como sus «amigos». Taylor estaba probando cosas nuevas: la actuación se compartió por internet mediante la relativamente nueva y emocionante tecnología del *livestreaming*. La música asombraría a la gente incluso más que la posibilidad de verla a ella hablar en directo por internet. Tocó su guitarra sentada delante de una enorme pancarta con su cara en la que solo se veían sus ya característicos labios rojos y su pelo rubio. En sus tres primeros discos, escribía a menudo sobre lo que podía leer en los ojos de los demás, tanto si la miraban desde el asiento del acompañante en «Fearless» como si le susurraban en «Enchanted». A estas alturas, sus musas hablan con los labios y las manos. Logrando contener la emoción, Taylor describió el proceso de escribir el quinto tema del álbum, lento y triste, que a ella le encantaba, pero que seguramente estaba destinado a ser una canción poco conocida de la que rara vez se hablaría fuera de los foros de fans: «Empieza conociendo a alguien y nos cuenta todos los detalles, desde ese inocente comienzo hasta el amargo final».[1]

Cuando *Rolling Stone* incluyó *Red* en su lista de los quinientos mejores álbumes de la historia en 2020, Taylor lo describió como un «viaje de placer», un «álbum lleno de salpicaduras de colores» a lo Jackson Pollock y su «único verdadero álbum de ruptura».[2] El nonagésimo noveno mejor álbum de todos los tiempos fue en cierto modo un experimento caótico, que según Taylor es «una metáfora de lo desordenada que es una ruptura real», con una mezcla de «canciones de

Nashville» y un sonido nuevo y más movido.[3] Los grandes singles de *Red* incluyen sonidos de todo el espectro musical. Lo que a algunos les parecía un latigazo de experimentación de géneros en 2012 ahora resulta normal, y Taylor puede experimentar con casi cualquier sonido; en 2023, la BBC describió a Taylor como un subgénero musical en sí misma.[4] Al verla desaliñada y sucia en el vídeo de «I Knew You Were Trouble», cuesta creer que sea la misma chica que cantaba «Love Story» y «Mine». En el fondo, el género de sus tres primeros álbumes es el de la banda sonora de películas adolescentes, pero en *Red* Taylor empieza a enseñar sus músculos pop. La buena música pop se esfuerza por llamarnos la atención y es muy pegadiza, solo hay que ver lo fácilmente que se te queda «Shake It Off» en la cabeza.

¿Tú qué prefieres, los éxitos pop dirigidos a un público muy concreto o las canciones poéticas e introspectivas? He aquí una estrella del pop que puede hacer ambas cosas. La canción «Red» contiene un aluvión de metáforas y descripciones: es un crucigrama irresoluble y una bala de cañón que se estrella contra tu vida. Un saludo a las musas. Taylor por fin tenía en su vida personalidades de peso que estaban a la altura de su capacidad para escribir canciones sobre ellas. El álbum sigue hablando de desamor y de noches estrelladas, pero también nos ofrece un enfoque más filosófico que nunca —algo que seguirá creciendo y será mucho más impresionante en sus discos posteriores—, cuando en la canción que abre el álbum, «State Of Grace», nos habla sobre dejar su relación en manos del destino. Aunque todo está cambiando, Taylor se esfuerza por asegurarse de que sus fans actuales no se sientan muy perdidos: «Quieres ofrecerles a tus fans algo emocionante, pero no quieres que escuchen el álbum diciendo "No la reconozco". Así que debes encontrar el equilibrio en algún punto intermedio. Es como caminar por la cuerda floja».[5] Más de una década después, Taylor sigue en esa cuerda floja, sigue intentando hacer todo lo posible para mantenernos entretenidos. La compositora Diane Warren, que coescribió «Say Don't Go (Taylor's Version) (From The Vault)» con Taylor para *1989 (Taylor's Version)*, dijo que Taylor «entiende a su público. Es muy consciente de lo que quieren escuchar sus fans. No puedo explicarlo, pero, joder, seguramente por eso es la mayor estrella del mundo».[6] No me extraña que el fandom esté entregado. ¿Alguna otra persona ha reflexionado tanto sobre lo que hace que sus fans se sientan reconfortados y felices?

Taylor era consciente de que no todo el mundo pensaba que su música molaba. El tío de los discos indie que inspiró «We Are Never Ever Getting Back Together» representa a todas las personas que se han mofado de ella o de la música pop en general. «Fue una relación en la que me sentí muy criticada e inferior. Él escuchaba música de la que nadie había oído hablar..., pero en cuanto a alguien le gustaban esos grupos, pasaba de ellos. Me parecía una forma extraña de ser fan de la música. Y no entendía por qué nunca decía nada bueno sobre mis canciones o mi música».[7] En retrospectiva, los riesgos musicales que Taylor asumió en *Red* podrían parecer una obviedad, pero la historia del pop está compuesta en un 99 por ciento por carreras que decayeron después del primer álbum de gran éxito, por no hablar del tercero. Sabemos que Taylor ha sido capaz de mantenerse en la cuerda floja durante veinte años, pero en 2012 se encontraba en una situación delicada. Era dolorosamente consciente de que se le acababa la época en la que podía hacerse la *ingénue*. «A los 22 años veía que cada semana salían artistas nuevos y geniales».[8] La nueva Taylor llamó a un tío del que dice que «me enseñó más a escribir que ninguna otra persona»,[9] que entiende la música pop en toda su pegadiza y eufórica gloria: Max Martin.

Las impactantes guitarras eléctricas, las repeticiones en cascada y, lo que es más importante, el estribillo que entra en el punto perfecto para conseguir un dramatismo supremo en «I Knew You Were Trouble» son todas firmas de Max Martin. Si oyes una canción pop pegadiza que está en la élite, ve a Wikipedia y comprueba si Max está detrás de ella. Produjo «... Baby One More Time» (1998) y «Blinding Lights» (2019), y su carrera tiene la longevidad y la relevancia que muy pocos consiguen. Por esa razón, y por su afición compartida a rebajar intensidad a la canción para potenciar un estribillo increíble (compara «Love Story» y «I Knew You Were Trouble»), Max y Taylor son una pareja que estaba destinada a encontrarse. Max tiene un método para crear éxitos llamado «matemática melódica» que incluye reglas como asegurarse de que los versos que van seguidos tienen el mismo número de sílabas, eliminando las distracciones de la melodía. También utiliza «avances melódicos» en las estrofas, donde aparecen pequeños fragmentos de la melodía del estribillo para crear esa sensación que hace que un estribillo pop sea increíble, como si te resultara muy familiar. Las melodías que adelanta Taylor son mucho más amplias y expanden esa sensación de familiaridad. Es posible que «I Knew You Were Trouble» suene mucho a música de baile, algo nuevo en Taylor, pero también tiene lo que se conoce como un «T-drop».

Acuñado por el compositor Charlie Harding en el pódcast *Switched on Pop*, un T-drop es una secuencia de notas que vas a reconocer aunque no te des cuenta. Hay ciertas firmas melódicas que conectan las canciones de las distintas épocas de Taylor, como los zigzags ascendentes y descendentes de las melodías de «Forever & Always» y «State Of Grace», ambas sobre relaciones con grandes altibajos. «State Of Grace», el primer tema de *Red*, está repleto de este tipo de autocitas. Se construye en torno a ese T-drop, es una cuarta nota que cae tras una tercera nota que llega más lejos de lo que esperas, hasta una sexta. Aquí tienes un diagrama que te ayudará a entenderlo:

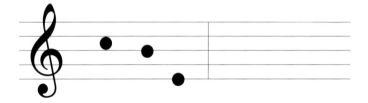

La forma en la que Taylor canta «see-ee-ee» y «me-ee-ee» en el estribillo de «You Belong With Me» es un claro ejemplo. También lo oirás en «Welcome To New York», que nos mantiene en el Taylor-verso que conocemos y amamos, incluso cuando su sonido se adentra en territorios inesperados y novedosos. También hay otros guiños. Los cuentos de hadas que fueron una parte fundamental de *Fearless* y *Speak Now* están presentes. La frase inicial de

«I Knew You Were Trouble» es «Once upon a time» («Érase una vez»). Taylor siempre ha estado atando sus canciones con estos hilos invisibles.

Además de salpicar sus canciones con todos esos elementos tan familiares, Taylor también estaba abriendo nuevos (y sagrados) territorios en la composición de sus canciones. «Me encantan los puentes. Me encanta usar el puente para tratar de llevar la canción a un nivel superior».[10] Como un puente solo se escucha una vez, es el lugar para las declaraciones más emotivas y potentes, desde la descripción de un accidente de moto de nieve («Out Of The Woods») hasta la devastadora necesidad de confesar que ella tampoco se ve como alguien con quien casarse («You're Losing Me»). Los puentes de Taylor surgen porque la estructura verso-estribillo ya no puede contener sus sentimientos. Aunque otros compositores también utilizan los puentes como contraste, para mantener la emoción de las composiciones, los de Taylor son tan eficaces que a menudo transforman por completo la canción. «Treacherous», de *Red*, es un ejemplo especial porque es suave y sin pretensiones, pero en el puente Taylor le da la vuelta. El tema es similar al del puente de «You Belong With Me»: alguien viene en coche a verla en plena noche. Pero en «Treacherous» hay un giro lírico. No solo es tarde, además no puede dormir (usa la palabra «sleepless») y no hay otra luz que la de los faros para iluminar la oscuridad. Toda la historia se reduce a sus detalles clave swiftianos. La estructura de «Treacherous» inicia un nuevo tipo de canción para Taylor que acabará estando por todas partes en el álbum *folklore*. Empieza con un tono relajado y contemplativo, y de repente estalla en un puente emocional que

Como un puente solo se escucha
una vez, es el lugar para las
declaraciones más emotivas y
potentes, desde la descripción
de un accidente de moto de
nieve («Out Of The Woods»)
hasta la devastadora necesidad
de confesar que ella tampoco
se ve como alguien con quien
casarse («You're Losing Me»).

define toda la canción. Esta estructura hace que parezca que Taylor está meditando sobre un problema del que, de repente, empieza a entrever la solución. Taylor ha descrito a menudo sus canciones como «una carta a alguien» («Dear John» tal vez sea el ejemplo perfecto).[11] Está escribiendo un pensamiento y, de repente, la asalta una epifanía y se emociona…, o se enfada.

Durante la era *Red*, Taylor alcanzó un nuevo tipo de relevancia cultural que hemos empezado a revisar y a reevaluar ahora. Taylor Swift es, como la llamó DJ Louie XIV en el pódcast *Pop Pantheon*, la «basic bitch whisperer» (algo así como la mujer que susurra a las zorras básicas). Ser «básico» fue un fenómeno cultural que surgió tras la muerte de la cultura *hipster*, cuando la sinceridad sustituyó a la ironía como la forma más importante de ser. La sinceridad de Taylor la convirtió en un objetivo evidente para el último suspiro del hipsterismo y su música se convertiría en un emblema de lo básico que gusta. En 2014, la revista *Time* publicó un artículo en el que describía a Taylor como «una Coca-Cola de vainilla» y «la versión acústica de beberse un *pumpkin spice latte* mientras llevas unas Uggs y ves *Sexo en Nueva York*».[12] El artículo enlazaba a un cuestionario de BuzzFeed: «¿Eres un básico?».[13] Entre las características que te identificaban como básico estaban: «Te encanta Taylor Swift», «Te encanta el vino blanco», «Te identificas con "22"» y «Te gustan las velas aromáticas» (supongo que nos enviarán a todos a la cárcel básica). El creador del cuestionario explicó que ser básico se refería «a las personas que se emocionan por cosas que son bastante normales o populares», pero también responde a una lista de cosas que una chica que quiera proyectar la imagen de mujer blanca muy femenina fingiría que le gustan para encajar. Por eso Taylor no encaja en la lista junto al café de Starbucks. Nadie se ha beneficiado nunca de que le guste Taylor, teniendo en cuenta lo desagradable que ha sido mucha gente con ella a lo largo de los años. Taylor era muy consciente de que la percibían así. Todas las estrellas del pop son sensibles a lo que se dice de ellas, pero Taylor era famosa porque siempre estaba conectada a internet, publicando en Tumblr y enviando mensajes a sus fans incluso cuando ya era muy conocida. «22» crea una distancia intencional entre Taylor y la gente «guay» que proyecta una imagen falsa, y en su lugar invita a un público al que no necesariamente le importa ser guay. La letra incluye hasta una línea hablada en la que una chica con acento del sur de California dice que no sabe quién es Taylor Swift. En el videoclip, Taylor lleva una camiseta de lentejuelas, icónica a estas alturas, en la que se lee «Not a lot going at the moment» («Ahora mismo está todo muy tranquilo»), una referencia irónica a su falta de despreocupación; más tarde, utilizará esa frase como pie de foto de Instagram dos veces, sabiendo perfectamente que está a punto de sacar *folklore* y luego *evermore*. Ni siquiera intenta mantener una imagen pública distante: «En las entregas de premios bailo como si me divirtiera, aunque nadie más lo haga. Porque ser guay significa que todo te aburre. Y yo no me aburro con nada de esto».[14]

«22» tiene sentido del humor (ese «ew» tan bien colocado), una cualidad de Taylor infravalorada. «I Bet You Think About Me (feat. Chris Stapleton) (Taylor's Version) (From The Vault)» también es graciosa, con esa lista cada vez más desquiciada de detalles que delatan lo pretencioso que era su ex, y está repleta de taylorismos, como las tres de la mañana, un «huh» asqueado pronunciado con brillantez y la chulería de decirle a tu ex que sabes que sigue pensando en ti. También es una de las pocas canciones en las que Taylor habla explícitamente de la clase social. Menciona el «pedigree» de la chica con la que la sustituyó ese chico de la «upper-crust» («clase alta») que nació con una «silver spoon» (o «en cuna de oro», en español). Sus diferencias de clase los separan, además de lo relativamente «hip» que son (sí, otra vez el *hipster*). Suponiendo que sea la misma persona descrita en «All Too Well» y «Begin Again», uno de sus rasgos distintivos es que no se reía de las bromas de Taylor. Esto es especialmente triste porque la risa de su pareja es un elemento clave de su amor ideal, presente ya en «Our Song», luego en «Jump Then Fall», en «Ours» y sobre todo en «New Year's Day», donde teme perder su personalidad y su risa. La inclusión de «Starlight» por encima de las otras excelentes canciones que se quedaron en el tintero tal vez se debió a que quería corregir el esnobismo de clase que la molestaba. Es la historia de amor de Ethel y Robert Kennedy, miembros de la familia Kennedy, a la que a menudo se la considera como la «realeza estadounidense». Tanto en ella como en «the last great american dynasty» aparece la palabra «marvellous» («maravillosa»), lo que sugiere que Taylor asocia esa palabra con las dinastías. Si te preguntas de dónde saca tantas ideas, escribió «Starlight» mirando fotografías antiguas e imaginando cómo se conocieron Ethel y Robert, igual que hace en la tienda de antigüedades de «Timeless

(Taylor's Version) (From The Vault)», de *Speak Now (Taylor's Version)*. Más tarde, Taylor se hizo amiga de Ethel (un gesto muy típico suyo) y durante un tiempo fue propietaria de la casa contigua a la suya en Rhode Island, antes de comprar Holiday House, el escenario de «the last great american dynasty».[15]

Aunque «Starlight» y otras canciones como «All Too Well», la joya de la corona de *Red*, hablan de los recuerdos, este álbum también se arrastra al presente. «22» es una de las primeras canciones de Taylor desde el tema «Fearless» que da la sensación de estar completamente enraizada en el presente. Recordemos que esa es una de las principales características del pop; el objetivo es estar aquí y ahora. En «22», Taylor no añora una noche del pasado; la protagonista es esta noche. También es un importante correctivo a las canciones que se acercan mucho a su pareja. Al fin y al cabo, parte de una ruptura consiste en arreglarse y salir con las amigas. Cansada de la interminable narrativa en torno a su vida sentimental, Taylor ya estaba incorporando la amistad a su imagen. En «Fifteen» todavía era amiga de Abigail y también mencionó a cuatro de sus amigas en las notas de *Red*, en un mensaje

Taylor no añora una noche del pasado; la protagonista es esta noche.

secreto oculto en la letra de «22». El dúo «Everything Has Changed» con Ed Sheeran es uno de los dos duetos del álbum, ambos muy exitosos, y Taylor lo ha descrito como «uno de mis mejores amigos, que me llevaba a los pubs y me en- señó a preparar una buena taza de té».[16]

Esos mensajes ocultos eran muy divertidos. Cuando salió *Red*, las deslumbrantes letras hacían que quisieras tumbarte en el suelo y leer el li- brillo que acompañaba al CD, y por supues- to examinar las fotos de una Taylor muy chic con sus pantalones cortos de cintura alta y su sombrero de fieltro. O bien descubrías tú mismo las mayúsculas en las letras, como una especie de genio, o bien otro fan te avi- saba de que había algo que buscar, como había ocurrido en los libros anteriores. Había que coger papel y bolígrafo y copiar meticulosamente cada letra hasta que surgiera una palabra o frase. Taylor nunca deja descansar a los swifties, ni siquiera hoy en día. Antes de publicar *1989 (Taylor's Version)*, los fans tuvieron que descifrar colectiva- mente 33 millones de minipuzles para averiguar los nom- bres de las canciones.[17] No exagero al decir que Taylor es una gran estratega. En una fiesta celebrada en 2012 para escuchar *Red*, habló de su forma de componer canciones y dijo, con suavidad y firmeza, como siempre hace cuan- do habla de su carrera: «Una canción es un mensajito en una botella».[18] Es probable que se estuviera riendo a car-

Es una pequeña pista de
que ha emprendido un viaje
en el que el amor romántico
ya no es el centro de todo
ni el fin último, sino que es
una búsqueda de su propia
identidad, haciendo lo que
quiere y vistiéndose como
quiere, sin pedir perdón.

cajadas en la intimidad de su propia cabeza, porque sabía que «Message In A Bottle (Taylor's Version) (From The Vault)» estaba ya en su cámara acorazada, donde permanecería en secreto durante los siguientes nueve años.

El mensaje oculto de «Begin Again», la última canción de *Red*, posiblemente sea el más conmovedor. Dice: «I wear heels now» («Ahora llevo tacones»). Es una pequeña pista de que ha emprendido un viaje en el que el amor romántico ya no es el centro de todo ni el fin último, sino que es una búsqueda de su propia identidad, haciendo lo que quiere y vistiéndose como quiere, sin pedir perdón. No necesita empequeñecerse por deferencia a las inseguridades de otra persona. Al fin y al cabo, el mensaje oculto de «We Are Never Ever Getting Back Together» es «When I stopped caring what you thought» («Cuando dejó de importarme lo que pensabas»). Puede que por fin haya superado el trágico romance que la hizo buscar en vano a su antiguo yo. Mientras se prepara para una primera cita con alguien nuevo, se mira en el espejo y se pone los auriculares para escuchar la música que ha elegido. Si es *Red,* es el sonido de la esperanza y los nuevos comienzos. Si es *Red,* la canción final es también una orden para esa persona que ha quedado impresionada tras escuchar un álbum que le ha cambiado la vida y que está dispuesta a escucharlo por segunda, tercera y enésima vez: «begin again», vuelve a empezar.

Mención especial

«ALL TOO WELL»

La palabra «icónico» se ha usado en exceso, pero la quinta canción de *Red* ha alcanzado el estatus de icono entre las composiciones sobre el amor perdido. Tiene todo lo que Taylor ha llegado a representar: revelaciones personales, narración detallada y el repaso de recuerdos agridulces. La versión original de cinco minutos y medio describía cómo te destroza el desamor, haciendo que te sientas como un extraño en tu propia vida. La versión de diez minutos es una descripción épica de una relación que dejó hecha polvo a Taylor, empezando por un pequeño detalle y pasando en espiral por las humillaciones y las traiciones hasta dejarla en un paisaje helado sin nada a lo que aferrarse, salvo el derecho a recordar.

Taylor dice que la quinta canción de cada uno de sus álbumes es siempre «honesta, emocional, vulnerable y personal».[19] «All Too Well» es la gloria suprema de todas las pistas que ocupan ese número. Tras escribir la mayor parte del tema durante una sesión de improvisación con su grupo, se dio cuenta de que tenía demasiada canción entre manos y llamó a la compositora Liz Rose, con quien había coescrito catorce canciones antes. «Duraba unos diez minutos —dice Taylor—. Nos pusimos a editar, a recortar y a quitar trozos grandes hasta que quedó en unos razonables cinco minutos y treinta segundos».[20] Cuando se publicó *Red*, los fans empezaron a hablar de esta canción que les llegaba a lo más hondo. La propia Taylor se sorprendió de que se convirtiera en una de sus favoritas. Temía que fuera demasiado cruda, y quizá también sorprenda que una canción tan específica sobre su propia experiencia pudiera tocar la fibra sensible de tanta gente. Como muchas de sus canciones, es una carta abierta a la persona que la hirió. Pero los detalles, como la caída de las hojas otoñales y el aire frío de su viaje al norte del estado de Nueva York, donde está segura de que por fin intercambiarán un «I love you», hacen que parezca muy real. Hay una imagen en particular que ha acabado repleta de significado: la bufanda, que Taylor llama «una metáfora» de la parte de sí misma que dejó atrás en la relación.[21] También está la imagen de bailar en la cocina, que tanta gente considera un ideal romántico. Pero el verso que todo el mundo grita a pleno pulmón es el del puente, donde la persona a la que Taylor amó le tiende la mano, no para reavivar lo que una vez tuvieron, sino para romperle el corazón de nuevo, arrugándolo y tirándolo como si nada.

Nueve años después, los rumores de una versión ampliada de la canción resultaron ser ciertos. «All Too Well (10 Minute Version) (Taylor's Version) (From The Vault)» se incluyó como tema final en *Red (Taylor's Version)*. Taylor reveló una canción mucho más crítica sobre los defectos de ese hombre que jugó con sus emociones hasta que al final dejó que se estrellaran contra el suelo, como las llaves del coche que le arroja de forma tan descuidada en el cortometraje que la acompaña. La letra triste pero tierna de la versión original, en la que la madre de él le enseña a Taylor fotos suyas de niño, da paso al retrato de un hombre pretencioso, más interesado en ser simpático que sincero. Su falso amor agota a Taylor, dejándola como una ruina esquelética que ya no siente ternura, ni emoción, solo vergüenza. En noviembre de 2021 se convirtió en un atípico número uno en la lista Billboard Hot 100. Además de ser totalmente deprimente en el mejor de los sentidos, «All Too Well» (10 Minute Version) (Taylor's Version) (From The Vault)» dura, obviamente, diez minutos. Ha batido el récord de la canción más larga que ha ocupado el número uno en Estados Unidos, que ostentaba desde hacía cincuenta años Don McLean por «American Pie» (Taylor le envió flores para expresar sus condolencias).

Antes de que saliera la canción, algunos supusieron que serían cuatro minutos y medio más de lo que ya teníamos. Eso habría estado bien, pero no habría sido revelador, y quizá incluso habría corrido el riesgo de quedarse anticuado. En cambio, se introducen nuevas melodías para variar el ascenso constante de la canción hacia un aparente crescendo. El nuevo outro es una revelación. La música ha ido creciendo bajo cada detallado y amargo verso; pero en vez de llegar a un momento de triunfo o de catarsis, de repente decae, se ralentiza y se va desvaneciendo. Ese desvanecimiento de la música refleja la historia de su amor: tanta expectación y al final solo le quedó el vacío. A medida que la música se desvanece, Taylor hace el tipo de pregunta que le haces a alguien que te está dejando: «Is this hurting you too?» («¿Te hace daño a ti también?»). Los exuberantes colores del otoño han desaparecido, Taylor ha vuelto a la ciudad y está nevando. La único bueno de la experiencia es que ella lo describió todo por escrito. Nadie podrá arrebatarle su versión de los hechos: ella estuvo allí y lo recuerda.

Taylor cantó por primera vez la versión de diez minutos de «All Too Well» en una estremecedora interpretación en directo en *Saturday Night Live*. Con el cortometraje reproduciéndose de fondo, vimos a la actriz Sadie Sink representar a una Taylor más joven, feliz y enamorada, luego llorando por el dolor y, al final, escribiendo la historia de lo que le ocurrió. El vídeo termina con Taylor como escritora en una librería, leyendo su historia a un público embelesado. La primera vez que interpretó «All Too Well» en una gira parecía muy triste. Con el tiempo, tocar la canción y oír a los fans cantarla de corazón, adoptándola como propia, ha cambiado su forma de verla: «Para mí, esta canción se ha convertido en una historia de lo que hicieron los fans».[22] Es el himno internacional de los swifties.

Calles de Nueva York y ritmos eléctricos

1989

1989 está tan meticulosamente trazado como las calles de Nueva York (y mucho más limpio). Como todas las grandes zonas urbanas, ofrece un nuevo comienzo a quien lo necesite. Taylor lo explica en el primer tema, que nos pone en situación, «Welcome To New York». Una ciudad es un lugar donde tienes la libertad para ser quien quieras y desear a quien quieras desear. En ese bosque urbano, tiene la oportunidad de escapar del escrutinio mediático que describe en «Blank Space», en «Shake It Off» y en «I Know Places». Taylor ha encontrado su nuevo sonido: cajas de ritmos nítidas, sintetizadores al estilo ochentero y bajos más potentes y distorsionados, como los que oirías salir de un antro de mala muerte a las dos de la madrugada. Taylor es una turista encantada, emocionadísima con todo lo relacionado con Nueva York. Incluso se convertiría en una «embajadora de bienvenida»; los cínicos neoyorquinos acabaron un poquito hartos de oír «Welcome To New York» en todos los taxis que cogieron durante un año tras el lanzamiento de *1989*. Pero Taylor nunca se hartó: «Es como una ciudad eléctrica, y sopesé la idea de mudarme, emocionada y presa del optimismo».[1] La ciudad que nunca duerme es perfecta para esta insomne: la medianoche es una hora normal para estar despierto en Nueva York. Canciones sobre correr por la ciudad, como «Wonderland» y «New Romantics», retratan Nueva York como el mágico patio de recreo donde Taylor vive aventuras, un paisaje surrealista sacado de *Alicia en el País de las Maravillas* y captado en instantáneas Polaroid en vez de elaboradas fotos posadas. Allí puede ser cualquiera, así que decide ser la mejor música pop del siglo XXI.

Taylor dice que *1989* es su «primer álbum oficialmente pop documentado».[2] Desde «Baby Love», de The Supremes, hasta «Blank Space», el «pop perfecto» tiene una sólida estructura musical que te atrapa, un mensaje universal y algún toquecito picante para que vuelvas. Es como la sensación de enamorarse, embotellada en tres minutos y medio. El pop tampoco debe hacerte perder ni un segundo de tu precioso tiempo: ¡eres una persona ocupada en la ciudad! Este álbum se reduce solo a lo que necesitas: *Red* empezó con una canción que duraba casi cinco minutos, pero en *1989* Taylor solo se permite superar los cuatro minutos en la parte final del álbum, con canciones que recuerdan a Nashville como «How You Get The Girl». A estas alturas, está segura de que ya te tiene enganchado con la mejor lista de canciones pop de la historia. No hay secuencia más potente, asombrosa y divertida que la de «Blank Space», «Style», «Out Of The Woods», «All You Had To Do Was Stay», «Shake It Off» y «I Wish You Would».

Cuando saca *1989*, Taylor ya ha vivido relaciones que empiezan y terminan, y ha comenzado a ver el patrón. *1989*, titulado así por el año de nacimiento de Taylor y con un sonido retro, va de volver una y otra vez a los recuerdos en un

Allí puede ser cualquiera,
así que decide ser la mejor
música pop del siglo XXI.

Titular el álbum por su año de nacimiento es casi como titularlo con su nombre, si no hubiera publicado ya *Taylor Swift*. Sin embargo, la historia de este álbum refleja sobre todo el desequilibrante efecto de una relación en la que jugaban al gato y al ratón y que nunca llegó a convertirse en amor, analizando a fondo la desconcertante zona entre la nada y algo real.

ciclo que parece imposible de romper. Titular el álbum por su año de nacimiento es casi como titularlo con su nombre, si no hubiera publicado ya *Taylor Swift*. Sin embargo, la historia de este álbum refleja sobre todo el desequilibrante efecto de una relación en la que jugaban al gato y al ratón y que nunca llegó a convertirse en amor, analizando a fondo la desconcertante zona entre la nada y algo real. En «Style», la pareja revolotea uno alrededor del otro sin parar, no en una nevada bola de cristal romántica como en el maravilloso bonus track «You Are In Love», sino atrapados en una situación agotadora que no lleva a ninguna parte. Taylor permanece en ese ciclo hasta «Clean». En lo que llegó a conocerse como el «Clean Speech», Taylor presentó la canción durante la gira de *1989* hablando de la resiliencia necesaria para seguir adelante incluso después de cometer errores:

En veinticinco años he aprendido que cometer errores y sentir dolor es horrible, pero te hace más fuerte. Y pasar cosas horribles y seguir avanzando no te convierte en un juguete roto, te limpia.[3]

Aunque escapó de ese hombre en concreto, los ciclos aparecerán una y otra vez en su música, reflejando lo mucho que se tarda en procesar los recuerdos. En «right where you left me» (*evermore*), Taylor ve pasar su vida volando mientras ella se queda paralizada en el restaurante, incapaz de bajarse de la cinta de correr en la que van sus pensamientos.

En *1989* también analiza su turbulenta relación con su propia fama y con la forma en la que los medios hablan de ella. Mientras que en «22» le cantaba a alguien que no la conocía, en «Blank Space» dice que sabe de buena tinta que su nueva pareja tiene que haber oído hablar de ella (al fin y al cabo, es Taylor Swift). Como muchas jóvenes, Taylor tiene que lidiar con el hecho de que quiere que la vean y también llamar la atención, pero algunas personas se toman eso como una barra libre para ser unos babosos y hablar de su aspecto y de su comportamiento, cosas que no tienen nada que ver con ellos. Taylor había dejado caer nombres y había contado anécdotas de algunas de sus relaciones en su música anterior, y esto pronto se convirtió en el único gancho que usaban las publicaciones para escribir sobre ella; algo que ella a su vez empleó para crear una versión satírica de sí misma tal como presentaba la prensa:

Pues están hablando de un personaje muy interesante. Viaja por el mundo en jet privado, coleccionando hombres, y puede conseguir a cualquiera..., pero al mismo tiempo es tan insegura y dependiente que siempre la dejan, y ella llora y luego caza a otro con su red y lo atrapa y lo encierra en su mansión.[4]

Taylor necesitaba una nueva narrativa a la que pudieran aferrarse los medios de comunicación. Su respuesta musical al interés que la prensa demostraba por su vida amorosa fue «Blank Space», que podría interpretarse como una canción directa que va sobre la relación intermitente de *1989*, pero que resulta mucho más incisiva y divertida cuando comprendes que Taylor interpreta a una

Barba Azul femenina que necesita sangre fresca de chicos guapos a todas horas. Es una crítica brutal, con un videoclip en el que Taylor interpreta a una trastornada que golpea un coche deportivo con un palo de golf y monta a caballo. Solo Taylor sería capaz de escribir una sátira y lanzarla al número uno de la lista Billboard.

Otra pesadilla interminable de la que Taylor no podía escapar era la suposición de que no escribía sus propias canciones. Era habitual que oyera decir: «Es imposible que ella tenga el control en las sesiones de composición».[5] Taylor rebate con ferocidad esta conjetura: «No voy a ser una de esas artistas que entran y dicen: "No sé, ¿de qué quieres escribir?", ni de aquellas a las que alguien les pregunta: "¿Cómo te va en la vida?", y yo se lo cuento y luego otra persona escribe una canción sobre el tema. No sería cantante si no fuera compositora. No me interesa cantar las palabras de otra persona».[6] Dentro de sus esfuerzos por corregir esa impresión, *1989* salió con grabaciones del proceso de composición de las canciones, una oportunidad para escuchar el momento exacto en el que una idea se convierte en canción. En una de estas grabaciones, Taylor le toca su primer borrador de «Blank Space» a Max Martin y a su colaborador Johan Shellback. Tiene la melodía básica, el concepto y casi ninguna palabra (ese no es su modo habitual de cantautora diarista, en el que escribe las canciones palabra a palabra, como un poema). En cambio, ha desplegado la estructura de acero de un rascacielos y ahora ellos tienen que añadir las paredes y las ventanas. Max y Johan empiezan a introducir los pequeños detalles de puntuación que hacen que sus canciones sean tan pegadizas: un «oh» por aquí, un «oh» distinto por allá, haciendo que la melodía principal sea más satisfactoria.

Los suecos le ofrecen a Taylor refuerzos positivos a manos llenas, y cuando ella mete el descarado chasquido que se convertirá en el clic de bolígrafo, Max grita: «¡Es increíble, me encanta, es molestísimo! ¡Te van a matar!».[7] Taylor volverá a trabajar con Max y Johan en *reputation*, acompañada de un diario en vídeo que ofrece otra ventana a través de la que se ve la fluidez de su colaboración y cómo funciona la coautoría de canciones en el pop. Taylor canta el estribillo de «King Of My Heart» sentada en un sofá en el estudio de Max, y Johan improvisa al instante el estribillo anterior. Segundos después, Taylor canta al ritmo de la nueva melodía, algo sobre ser el sueño americano. Max, que lleva el pelo largo recogido en un elegante moño bajo, añade los sonidos del teclado usando uno de los numerosos instrumentos a su disposición. Aunque algunas de las canciones de Taylor se escribieron en veinte minutos, como «Love Story», esto demuestra el arduo trabajo que se requiere para componer un álbum.

Para su pegadiza obra de arte «Shake It Off», Taylor y los suecos se grabaron golpeando el suelo con los pies, creando un mensaje subliminal para moverse. Taylor nunca había compuesto canciones para bailar como tales, aunque empezó a practicar mientras escribía las canciones de *Red*. El tema «Message In A Bottle (Taylor's Version) (From The Vault)» es una canción estupenda para empezar una fiesta. Así que se dispuso a crear una canción de baile accesible para todos, que no requiriese saber bailar y que te impulsara a hacerlo aunque no fuera lo tuyo. «Quiero que sea la canción que, a ver, si suena en una boda y hay una chica que no ha bailado en toda la noche, sus amigas vayan a buscarla en plan: "¡Tienes que bailar! ¡Vamos! ¡Tienes que bailar esta!».[8] Hay un vídeo de una Taylor de veinticinco años y un Max Martin de cuarenta y tres cantando los estribillos, bailando con mucho entusiasmo y haciendo mohines en la cabina de grabación. Es un indicio de que la canción hace que se te muevan los músculos para bailar, sin importar quien seas. Taylor actuó en un festival al aire libre en el Reino Unido en 2015, delante de un público que quería pasar un buen día, gratis, y que en su mayoría nunca había oído hablar de la tal «Tyler Swiff». Seguramente no habían visto el vídeo tan alegre de la canción, en el que salen personas normales y corrientes bailando al ritmo de «Shake It Off». Cuando Taylor empezó a tocar, gran parte del público estaba sentado en tumbonas. Al final de la canción, el campo era una masa jubilosa de niños, padres, adolescentes, tías y todo tipo de personas que brincaban y se movían como si les fuera la vida en ello.

«Shake It Off» es el punto álgido, y feliz, de *1989*, y contiene la única carcajada de Taylor del álbum (ser una estrella del pop es un asunto serio). A lo largo de gran parte del álbum, los temas furiosos o melancólicos se presentan dentro de un pulido sonido pop. Cuando canta sobre bailar sola, hace referencia al trabajo de la cantante sueca Robyn, creadora del subgénero «llorar en el club».

Las canciones de Robyn «Dancing On My Own» y «Call Your Girlfriend» desafiaron la convención de que un sonido pop significaba que el contenido de la canción debía ser alegre y optimista. En cambio, usó los sonidos pulsantes de los sintetizadores y la euforia de un estribillo explosivo para intensificar la tristeza. La influencia del tema «With Every Heartbeat» de Robyn puede oírse en el «Wildest Dreams» de Taylor; ambas utilizan el sintetizador para darle una cualidad mágica y un ritmo similar a los latidos del corazón. «Wildest Dreams» utiliza una grabación de su propio corazón, acercándonos lo más posible a ella a través del sonido. «With Every Heartbeat» no tiene estribillo, lo que deja al oyente ansioso, dispuesto a escucharla de nuevo por si ha oído mal. Aunque Taylor siempre nos da un estribillo, que no es otro que el tema de la ansiedad que impregna todo el álbum de *1989*, ya que insiste en darle vueltas a la obsesión con el chico malo, el único que puede aliviar la ansiedad que ha creado. Los miedos de Taylor sobre la relación se magnifican al estar expuesta al

«Wildest Dreams» utiliza una grabación de su propio corazón, acercándonos lo más posible a ella a través del sonido.

escrutinio del público. En 2014 declaró a la revista *Rolling Stone* que no le gustan las bromas sobre su vida sentimental porque rebajan su trabajo y provocan «una presión tan fuerte en una nueva relación que se apaga incluso antes de que siquiera pueda empezar».[9]

Estamos hablando de Taylor, una «optimista entusiasta»,[10] por lo que no pierde la sonrisa y entabla algunos juegos muy divertidos con su presencia en los medios de comunicación. Desde *Fearless*, sus musas han sido personas creativas, incluidos colegas músicos, que disponen de los medios y de la oportunidad de crear su propio arte y narrativa en respuesta a los suyos. Las parejas compuestas por famosos a menudo descubren que estar en el mismo lugar al mismo tiempo («agendas encontradas») se convierte en un reto. En *1989*, Taylor encuentra una musa apasionante y misteriosa a la que nunca puede atrapar del todo. Usa descripciones cinematográficas para inmortalizar a esta persona como uno de los mayores rompecorazones de la música: un personaje enigmático y glamuroso que conduce coches rápidos al amparo de la oscuridad. Lo compara con el legendario James Dean, el chico malo definitivo con chaqueta de cuero. La canción «Slut! (Taylor's Version) (From The Vault)» da más colorido a este retrato al decir también que es un caballero. Es un retrato halagador. La imagen también añade otra dimensión: el videoclip de «Style» muestra a un hombre sujetando un espejo roto que cubre su propia boca con los labios rojos de Taylor, una combinación de su musculosa masculinidad con la superfeminidad de Taylor. Cuando él mira por el espejo retrovisor (muy swiftiano), la ve a ella devolviéndole la mirada. Es la imagen masculina de Taylor en el espejo.

Mientras promocionaba el álbum, Taylor insistió en que nunca le había puesto nombre a la persona que inspiró «Style». Este mensaje iba dirigido a los oyentes de pop. El collar del avión de papel que lleva en el vídeo y al que se hacía referencia en la letra de «Out Of The Woods» fue revelador para aquellos que rastrearon su procedencia y descubrieron que era un símbolo de una relación sentimental concreta. Esto demuestra que Taylor ya jugaba con la perspectiva, como si tuviera tantas caras como una bola de discoteca: le muestra una faceta distinta de sí misma a cada oyente, dependiendo de quién seas y lo que necesites. Taylor pone mucho empeño en esto y declara a *Wonderland* en 2014: «Creo que la gente quiere que el arte tenga capas. Creo que quieren saber que hay un significado y una historia... Quieren saber que hay secretos que tienen la opción de desentrañar».[11] Los escándalos de famosos, como la supuesta pelea entre estrellas del pop en torno a «Bad Blood», ayudaron a vender el álbum usando los titulares como marketing gratuito, pero la música siempre se vale por sí misma. Es perfectamente aceptable pasar de la faceta de famosa y mantener estas historias en privado, atesorarlas, solos la canción y tú, bailando en tu bola de nieve. Taylor dijo: «Hay un motivo por el que no hay nombres explícitos en esa canción. Mi intención no fue la de crear un festival de rumores. Quería que la gente la aplicara a una situación en la que se sintiera traicionada».[12] En las notas del álbum escribió solo para los fans que las canciones habían hablado de su propia vida, pero que ahora hablaban de las de ellos.

Con *1989*, Taylor se garantizó su lugar en la historia de la música pop. No se trata solo de alcanzar los números uno, sino de grabar canciones que se conviertan en clásicos, como los labios rojos, que nos encanten. El genio del pop de Taylor está en lo bien que nos entretiene, junto con su forma de tejer los temas que nos tocan personalmente. Ella tenía la última palabra en este proyecto, incluso más que en *Speak Now*, donde compuso todas las canciones sola. En una entrevista en profundidad que le concedió a la Recording Academy sobre la composición de *1989*, parecía preocupada por la opinión de los directivos de la discográfica sobre su música al decir: «[Scott Borchetta] casi cedió al pánico y pasó por todas las fases del duelo: las súplicas y la negación. "¿Puedes darme tres canciones country? ¿Podemos meter un violín en 'Shake It Off'?". Y siempre contesté con un no rotundo».[13] Taylor se mantuvo firme en sus decisiones creativas, y estas dieron sus frutos. *1989* vendió un millón de copias en una semana. Al año siguiente, Taylor se posicionó a favor de todos los músicos cuando retiró su música de los servicios de *streaming* hasta que se alcanzara un acuerdo económico mejor. Se sentía segura, al mando y en la cima de su carrera: «Este año ha sido el favorito de mi vida hasta ahora. He podido grabar un álbum tal y como quería. He podido publicarlo tal y como como soñaba hacerlo».[14]

¿Qué podía salir mal?

1989

Mención especial

«OUT OF THE WOODS»

«¡OooooOoooOH! ¡OooooOoooOH!».

En «Out Of The Woods» Taylor teje su voz en torno a una extraña y caótica pista de acompañamiento suministrada por su amigo y socio productor Jack Antonoff. La canción va de cómo se sintió Taylor en su historia de amor de *1989*: «El sentimiento predominante que experimenté durante toda la relación fue la ansiedad».[15] Esa sensación de agobio está integrada en la propia música: la parte de la batería está hecha con ruido blanco y el sonido de Jack dejando caer una bolsa con material. Los clips truncados de su voz que abren el tema se repiten una y otra vez, cortados de forma abrupta como la propia relación. Es caótico y desconcertante. Esto le da una sensación de peligro que refleja la pregunta suplicante de Taylor, que repite sin cesar a lo largo del estribillo. ¿Están su musa y ella, tal como dice el título de la canción, fuera de peligro? Todo junto conforma el sonido de la incertidumbre.

Esta canción no nos permitirá sentirnos seguros ni un segundo, pero lo hace de una manera preciosa. Taylor dijo que su perspectiva sobre el amor había cambiado por completo cuando escribió *1989*: «Antes pensaba que, a ver, encuentras a "tu alma gemela". Y eso se convierte en un "fueron felices y comieron perdices", y después no hay un solo problema. Cuando vas acumulando experiencias con el amor y las relaciones, te das cuenta de que no es así ni mucho menos. Hay muchos matices de gris y situaciones complicadas».[16] «Out Of The Woods» capta la sensación de tener el amor al alcance de la mano, pero sin llegar a tocarlo nunca. Por extraño que parezca, después de oír la canción el número suficiente de veces (con unas cien bastaría), las repeticiones de la canción se convierten en un mantra tranquilizador. Y cuando tienes un día de bajón es precisamente cuando necesitas que el puente swiftiano más victorioso de todos te dé ánimos.

El amor de «Out Of The Woods» tiene el potencial de ser el sueño doméstico de Taylor, con ratitos para bailar en el salón y otros para estar tumbados en el sofá, juntos. Se hacen fotos con una Polaroid, capturando momentos que, al final, son lo único que le queda a Taylor. Se crea la sensación de familiaridad con un T-drop secreto en un improvisado «oh» durante el segundo estribillo. ¿Alguna canción ha conseguido más cosas con un «oh»? Pero no puede ser. Los amantes son aviones de papel que salen disparados en direcciones opuestas. El excepcional puente maximalista (coros, el goteo del agua, todos los tambores del mundo tocando a la vez) sobrevuela a toda prisa los sucesos: un accidente, un hospital, los dos llorando. Taylor se va. Taylor vuelve. Después de esa peligrosa noche, él la mira, algo que siempre hace..., aunque esté conduciendo, él la mira con sus ojos verdes. Pero al final no queda claro lo que significa eso.

¿Puede escapar Taylor de los ciclos que la atormentan en *1989*? No en «Out Of The Woods», ya que su falta de conclusión la convierte en una banda sonora para situaciones imposibles e irresolubles.

6

Serpientes y escaleras

REPUTATION

*E*l 1989 Tour duró de mayo a diciembre de 2015, y después de todos esos meses organizando apariciones sorpresa de invitados especiales y actuando durante horas la mayoría de las noches, Taylor decidió que se merecía unas vacaciones. Hablando con *Vogue* en 2016, reconoció el increíble año que había tenido en 2015, pero dijo que estaba deseando tomarse un descanso por primera vez en diez años.[1]

Y se tomó un descanso, aunque el resultado no fue el que esperaba. Normalmente sus álbumes salen cada dos años. Pero 2016 pasó y no publicó nada. Por fin en 2017 apareció una señal. Las imágenes que utilizaba para crear una narrativa en torno a sus álbumes eran siempre suaves y delicadas: mariposas, gafas de sol con forma de corazón, bañadores retro y flotadores de flamencos en la piscina. El símbolo más triste y con mayor carga emocional de su historia hasta entonces seguramente fuera la bufanda. Así que los swifties se quedaron de piedra el 21 de agosto de 2017, cuando Taylor publicó en sus redes sociales varios vídeos de una serpiente siseando, lista para atacar. Dos días después, publicó la portada de su nuevo álbum. Llevaba el pelo mojado y los labios pintados de rojo oscuro. ¿De verdad era Taylor Swift?

Se especuló mucho sobre el género del nuevo álbum en vísperas del lanzamiento. La camiseta ajada y rota que llevaba en la portada apuntaba al rock grunge. Durante la gira, había empezado a hacer una versión rock de «We Are Never Ever Getting Back Together». Además, el tipo de fuente usado en la portada se parecía al de los discos de hiphop de los noventa, como *Illmatic*, de Nas, lo que sugería la posibilidad de que Taylor se dedicara de lleno al hiphop. Era una tipografía que también se parecía mucho a la que usaban *The New York Times* y otros periódicos de todo el mundo, y en la portada se ve una hoja de periódico superpuesta sobre su cara. Una alusión al tema de conversación más repetido en 2017, las *fake news*, o noticias falsas, y también una referencia al vídeo de Britney Spears de «Piece Of Me» (2007), una canción que criticaba a los medios de comunicación y donde se rimaba «karma» con «drama», con unas voces muy sintetizadas y agudas. Taylor nunca había ofrecido una imagen con tantas

capas. Solo era una imagen, pero era el primer indicio de lo que le había estado ocurriendo desde que desapareciera de la vida pública en 2016.

El primer single, «Look What You Made Me Do», supuso un reinicio para Taylor desde el punto de vista musical y de su marca como estrella del pop. También fue una especie de reto, una búsqueda del tesoro para que sus fans encontraran toda la música a la que hacía referencia. Ese inicio tan raro con música funhouse nos dejó claro que sería una canción oscura. El bajo está distorsionado al máximo. El estribillo de «Look What You Made Me Do» es lo que se conoce como un antiestribillo. En vez de ser potente y ruidoso, es minimalista y tenue; el productor Jack Antonoff lo describió como «sonido alemán», seguramente refiriéndose al sonido house y tecno que era tan popular en Berlín. Este es solo el principio de las referencias a la música de baile en *reputation*, casi tan reveladoras como la referencia al dubstep en «I Knew You Were Trouble» de *Red*. «Look What You Made Me Do» también tiene un preestribillo muy dramático con doce notas idénticas repetidas. Este tipo de notas entrecortadas tan implacables son el sonido no oficial de la rabia femenina en canciones que van desde el aria de la Reina de la Noche de Mozart (que empieza diciendo: «La venganza del infierno hierve en mi corazón») hasta «Caught Out There» de Kelis. Taylor canta de una forma fría y controlada que resulta todavía más inquietante que si estuviera gritando, aunque de fondo en la canción se oye un grito.

Cuando apareció el vídeo unos días más tarde, se confirmaron las sospechas que había levantado la canción. Era una Taylor totalmente nueva que combinaba la imagen de chica pop con temas airados y vengativos. El vídeo de «Look What You Made Me Do» es un cuadro renacentista lleno de símbolos y referencias. Tras un plano de una casa encantada situada en una colina y de un cementerio, la cámara se acerca a una tumba que reza: «Here lies Taylor Swift's reputation» («Aquí yace la reputación de Taylor Swift»). Al cabo de un segundo, una Taylor zombi sale de la tumba. Taylor nunca había mostrado un aspecto que no fuera glamuroso, ni siquiera cuando se cayó al barro en el vídeo de «Out Of The Woods». La Taylor zombi lleva el mismo vestido azul de «Out Of The Woods», pero no solo tiene el vestido manchado de barro, sino que además se está descomponiendo. La vemos recibiendo la atención de los paparazzi incluso después de un accidente de coche, con su leopardo sentado a su lado, un felino muy diferente a sus habituales mascotas peludas. También se muestra como la dirigente de un ejército de robots que parecen modelos, y como la Reina de las Serpientes, sentada en un trono rodeada de montones de ellas. Aunque anteriormente ya había dejado mensajes secretos en las notas de presentación de los álbumes, en *reputation* fue cuando la búsqueda de referencias y mensajes ocultos se convirtió en un pasatiempo importante para los fans. En el cementerio se ve una lápida grabada con el nombre «Nils Sjöberg», el seudónimo que Taylor utilizó para escribir la canción de Rihanna «This Is What You Came For». La parte del vídeo en la que se mece en un columpio vestida de naranja (como los uniformes de los presos en las cárceles de Estados Unidos) dentro de una jaula dorada supuso un misterio durante mucho tiempo. En los poemas que acompañaban a las versiones deluxe, describía un «sistema de justicia» que tenía en la cabeza y con el que juzgaba a sus enemigos, que a su vez se convertían en los barrotes de una «prisión dorada». En «So It Goes...» también menciona estar prisionera en una jaula dorada. Muchas lunas después, Taylor aparecería como una Justicia dorada en el vídeo de «Karma», haciéndose eco de la letra sobre el karma como forma de justicia, aunque se escape a su control. Hoy en día lo ha aceptado sin problemas. «No tiene sentido intentar derrotar activamente a tus enemigos. La basura acaba saliendo sola».[2]

En «Look What You Made Me Do», Taylor baila de una forma que no habíamos visto antes: una coreografía completa, propia de una estrella del pop. Siempre ha habido bailes en las letras de todas sus canciones, pero eran bailes románticos en la cocina o suaves giros con un vestido. Cuando cantaba en directo durante las giras, su movimiento de baile característico era pavonearse y señalar. En el vídeo de «Shake It Off», se empeñó en demostrar que no tenía aptitudes para el ballet, el *breakdance*, el *twerking* o las coreografías de las animadoras. Pero ahora parece inspirarse en Lady Gaga y lidera un baile coreografiado con un grupo de hombres vestidos con camisetas negras y los ojos muy maquillados y brillantes. El baile se ha convertido para ella en una forma importantísima de expresar su rabia. En la gira The Eras Tour, hace un número al estilo de *Chicago* con una silla al ritmo de «Vigilante Shit» (*Midnights*) que recuerda a «Look What You Made Me Do».

En la segunda parte de *reputation*, Taylor parece superarlo (un poco) y ser capaz de reírse de lo ocurrido. «This Is Why We Can't Have Nice Things» trata claramente de la misma traición, pero es graciosa y un poco extravagante, salvaje y a la vez divertida, y en su letra hay champán y fiestas. Una referencia a *El gran Gatsby* de F. Scott Fitzgerald deja claro que la fiesta está condenada a acabar trágicamente, pero no deja de ser un temazo. «Gorgeous» describe el encuentro con alguien nuevo y hace un guiño a sus gatas, Olivia y Meredith. Junto con su madre, Andrea, sus gatas fueron una fuente de consuelo durante sus momentos difíciles y la versión deluxe del álbum incluía varias fotos suyas. Sin embargo, los gatos también son un símbolo de venganza para Taylor. Mientras su equipo y ella roban la cámara acorazada de una empresa de *streaming* en el vídeo de «Look What You Made Me Do», llevan máscaras de gato. En «Vigilante Shit» se hace referencia al maquillaje de ojos de gato y en «Karma» se compara la justicia con un gato: un asesino despiadado para todos menos para Taylor, a quien ama.

En «Getaway Car» se comete otro tipo de delito. Una satisfactoria combinación de canciones al estilo de Nashville y versos gritones inspirados en Bon Jovi, que cuenta la historia de dos ladrones a lo Bonnie y Clyde y el atraco que le hicieron al ex de Bonnie. Al final, Bonnie abandona al chico nuevo que la ha ayudado a escapar del anterior, diciendo que debería haber sido un poco más espabilado. La letra hace referencia al lugar donde se conocieron («met» en inglés), que es una invitación a recordar la aparición de Taylor en la Gala del Met de 2016. Llevaba el pelo rubio platino al que se hace referencia en «Dress», otra canción que menciona dónde «conoció» a alguien (la fiesta posterior a la Gala del Met de 2016 debió de ser increíble). El documental de Taylor, *Miss Americana*, muestra el momento exacto en que se escribió el puente de la canción. Jack Antonoff está tocando la pista de acompañamiento e intenta rimar «getaway car» con «I'm losing my... something». Taylor sugiere «motel bar» y las palabras vuelan de un lado a otro mientras crean el puente completo en cuestión de segundos. «¡Argh!», grita Taylor extasiada. Jack ha dicho: «Mira que he pasado millones de horas en estudios de grabación, pero esta ha sido la primera vez que ha habido una cámara grabando mientras sucedía algo mágico».[3]

Las revelaciones sobre el proceso de composición de las canciones de *reputation* son como oro en polvo. Para preservar su vida tranquila y sosegada, y para enfatizar el año que había pasado apartada de las cámaras («nadie me vio físicamente durante un año»),[4] Taylor optó por no conceder entrevistas a la prensa. En vez de sus habituales reflexiones sobre la composición de las canciones y sus apariciones en programas de entrevistas para hablar de música, de la vida y de sus giras, publicó una foto en Instagram con el texto:

There will be no further explanation.
There will just be reputation.
(«No habrá más explicaciones. Solo habrá *reputation*»).

La interpretación del álbum se hizo enteramente a través de la música y de las piezas del puzle que los fans fueron montando a partir de las sesiones secretas. Sí, durante su año apartada del mundo, Taylor siguió invitando a su casa a fans elegidos a dedo para que escucharan el nuevo álbum. Abrazó a la gente, bailó y les hizo sentir como si acabaran de conocer a una amiga. Su silencio también hizo posible que encontráramos nuestro propio significado en las canciones, y en la era *reputation* en su conjunto. «En mi era *rep*» es una frase que se usa mucho y que significa una época de tu vida que incluye caos y destrucción; pero que, en última instancia, supone un alivio por no tener que complacer a la gente.

«Look What You Made Me Do» fue un gran éxito que alcanzó el número uno de las listas. Según Jack, Taylor había estado «centradísima y obsesionada con una imagen concreta».[5] Su instinto sobre la dirección que iba a tomar la música fue acertado. El número uno en la lista Billboard en Estados Unidos después de la canción de Taylor fue el primer éxito de Cardi B, «Bodak Yellow». La canción tiene un verso con voz de sintetizador similar a la de «Look What You Made Me Do», y Cardi sale en el vídeo con un guepardo como mascota mientras derrama una bolsa de diamantes. Está claro que se contagiaron de lo mismo en 2017. Pero aunque los vídeos de «Look What You Made Me Do» y de «...Ready For It?», con su estribillo tropical house, pretendían presentar a Taylor como una mujer dura de la calle, ambos tenían como trasfondo su característica personalidad juguetona. La atractiva ambientación del típico romance veraniego de «...Ready for It?», junto con su ingeniosa letra, que utilizaba trucos como captar el último sonido de la palabra «island» y repetirlo para empezar la siguiente frase, como una especie de puzle, parecían divertidas, no oscuras y enfadadas. Cuando los fans escucharon el álbum entero, con muchas canciones de amor, como «Delicate», quedó claro que en *reputation* había más cosas además de su lado oscuro.

Si *reputation* es una serpiente con una cara oculta suave, la música pop es todo lo contrario. La imagen de Taylor se había protegido con mucho cuidado para evitar el tratamiento mediático desagradable que recibían otras famosas, sobre todo las que empezaron su carrera siendo adolescentes, como Britney Spears. Taylor creció viendo cómo explotaban públicamente a las adolescentes famosas de la generación anterior a la suya. Las fotos que habían hecho los paparazzi de Britney en momentos de importante vulnerabilidad psicológica fueron las imágenes más difundidas de 2007. Taylor dijo: «Todo el mundo me preguntaba: "¿Vas a acabar hecha un desastre? ¿Cuándo te veremos descarrilar como a...?" y luego nombraban a otras chicas que creían que habían descarrilado».[6] Al vestir de forma conservadora y cuidando de que no la vieran con un vaso en el que pudieran pensar que había alcohol,[7] Taylor había conseguido evitar la cobertura mediática más desagradable, y la mayoría de las veces se limitaron a criticar su vida amorosa y lo impostada que era su imagen. En 2016, su castillo se vino abajo.

El 29 de agosto de 2016, un año antes de publicar las serpientes siseantes en sus redes sociales, Taylor escribió en su diario: «Este verano es el apocalipsis».[8] El coche estrellado rodeado de paparazzi en el vídeo de «Look What You Made Me Do» representa su descarrilamiento («Que me cancelen hasta dejarme sin vida y sin cordura») en un momento en el que la opinión pública pareció volverse contra ella y se publicaran un gran número de emojis de serpientes en sus comentarios durante la infame «Taylor Swift Is Over Party».[9] Aunque el proyecto de Taylor como respuesta a las críticas, *reputation*, se vendió bien, podría haber sido muy distinto. Muchas megaestrellas de la música, desde Mariah Carey hasta The Chicks, han visto cómo sus carreras sufrían y se desviaban por cualquier cosa, desde una película fallida hasta expresar sin cortapisas sus opiniones políticas. No sabemos lo que se dijo entre bastidores en la compañía discográfica, pero Taylor es clara: «No te equivoques: me arrebataron mi carrera […]. Eso hizo que psicológicamente acabara en un lugar donde nunca había estado. Me mudé a un país extranjero. Me pasé un año sin salir de la casa que alquilé […]. Estaba hundidísima».[10] Para la gente que alguna vez se haya sentido un fracaso o haya experimentado la traición de alguien de confianza no es difícil empatizar con ese sentimiento. Es desolador. En un abrir y cerrar de ojos, Taylor pasó de ser una artista querida y una «niña buena» a convertirse (supuestamente) en una serpiente y en una villana.

Taylor ha luchado a menudo contra el binomio chica buena/chica mala: «Todo mi código moral, cuando era pequeña y ahora, se basa en la necesidad de que piensen que soy buena. Era lo único sobre lo que escribía. Lo único que quería».[11] Se describió a sí misma como una chica buena en «Sad Beautiful Tragic» y en «Style», y aunque había estado jugando con la estética de las chicas malas, nunca fue más allá de reunir a su pandilla para ir por ahí vestidas con monos elásticos en «Bad Blood» o que se le viera el sujetador en el vídeo de «I Don't Wanna Live Forever», una canción para la banda sonora de *Cincuenta sombras más oscuras*. Sin embargo, que la hicieran sentirse una mala persona le llegó a lo más hondo. En *Miss Americana* dijo que las estrellas del pop son «personas que nos metimos en este trabajo porque queríamos gustarle a la gente, porque en el fondo éramos inseguras y nos gustaba el sonido de los aplausos, que nos hacía olvidar que no nos creemos lo bastante buenas».[12] En «I Did Something Bad», Taylor puso a prueba cómo sería vivir sin ese tipo de presión. Por una vez, es ella la que les da caña a los hombres, ¡y dice que es divertido! Es emocionante escuchar a una Taylor caótica e inmoral en un álbum, un cambio enorme respecto a la Taylor a la que los fans estaban acostumbrados hasta entonces. Sin embargo, en el fondo, fingir que le daba igual todo sencillamente no era propio de ella. Y cayó luchando. Hay referencias a las armas por todos lados en *reputation*: pistolas, cuchillos, horcas, veneno e incluso un hacha en la cruel pero enérgica «This Is Why We Can't Have Nice Things». Pero cayó. Ni siquiera ella intentaría afirmar que triunfó en esta guerra de palabras, ya que en «Call It What You Want» describe que llevó «un cuchillo a un tiroteo» para expresar lo mal preparada que estaba a la hora de afrontar lo ocurrido en 2016. En vez de enterrar a sus enemigos, *reputation* se ha convertido en un ejemplo de vulnerabilidad, y por eso es uno de sus álbumes más importantes. Reconoce lo turbios que son los peores momentos. Cuando suceden en la vida real, es imposible ser el equivalente de Taylor en «Shake It Off». Sin embargo, *reputation* también recuerda que las situaciones horribles pueden conducir a nuevos comienzos.

Taylor dice ahora que *reputation* «era en realidad una historia de amor».[13] «End Game» parece una canción fanfarrona, pero habla de encontrar un amor para siempre (el invitado Ed Sheeran canta sobre la fiesta del Cuatro de Julio en casa de Taylor en la que conectó con la que ahora es su esposa,[14] y el rapero Future dice que es un «chico malo», pero dispuesto a jugarse la vida por ti. ¡Ideal!). Hay mucha energía nerviosa en *reputation* sobre el amor recién estrenado. «Call It What You Want» y «Dancing With Our Hands Tied» son canciones que hablan del temor a perder esa relación nueva tan bonita que Taylor había empezado y que se convirtió en su lugar seguro durante

reputation se ha convertido en un ejemplo de vulnerabilidad, y por eso es uno de sus álbumes más importantes.

todo el drama. Al parecer, cuando se publicó *reputation*, Taylor les dijo a los fans en las sesiones secretas que «Gorgeous» era sobre su «novio de un año que era un ángel» y les pidió que difundieran la noticia.[15] Cuando publicó algunas de las frases de sus diarios como parte de la versión deluxe de *Lover*, supimos que la relación empezó a finales de 2016. En enero de 2017 escribió: «Llevamos juntos tres meses y nadie se ha enterado».[16] El diario también demostraba su deseo de mantener en secreto esa nueva y delicada relación para dejarla crecer, igual que en «Dancing With Our Hands Tied», cuando dice: «I don't want anything about this to change or become too complicated or intruded upon» («No quiero que nada de esto cambie o se complique demasiado o que alguien se entrometa»).[17] Su relación con el compositor William Bowery, ganador de un Grammy (era él), inspiraría un nuevo tipo de canción. «Dress» es tan sugerente que, al parecer, los padres de Taylor abandonaron la habitación cuando la tocó en las sesiones secretas.[18] ¡Que sigue siendo la niña de Andrea!

Al final de *reputation* hay un regalo: «New Year's Day». No es frecuente escuchar a Taylor al piano en un álbum. Pese a su reputación de escribir canciones de amor, es una estrella del pop, no una baladista, y normalmente siempre hay ritmo en sus canciones. En esta, solo se oye el piano de fondo, lo bastante alejado de su voz como para apuntalarla, pero sin resultar obvio. Es como si Taylor y la música estuvieran paseándose cómodamente por su casa, haciendo sus tareas por separado, en armonía, pero no al unísono. Parece muy sencillo, pero es dificilísimo tocar «New Year's Day» al piano y cantar al mismo tiempo. Y no se debe a que use un compás extraño (todavía); usa el 4/4, que en pop es tan omnipresente que se llama «compás común». Esta canción íntima y trémula era un bote salvavidas al que se aferraban los swifties de corazón tierno mientras los swifties chicas malas se lo pasaban en grande con el resto del álbum.

Es la mañana posterior a la fiesta de Nochevieja y hay confeti que barrer. Otras canciones como «Fearless» se habían centrado en el momento exacto en que se lanza el confeti y el amor es maravilloso. Taylor dijo que la última canción de *reputation* no se inspiraba en los acontecimientos de Nochevieja, sino en lo que ocurre después. «Creo que hay algo todavía más romántico en la idea de que haya alguien contigo el día de Año Nuevo, que esté dispuesto a darte ibuprofeno y a limpiar la casa».[19]

En Nochevieja se hacen propósitos para el año siguiente, y el día de Año Nuevo hay que empezar a cumplirlos. En la canción hay referencias a cuentos y recuerdos; pero, a diferencia de la mayoría de sus canciones, la pareja de Taylor también puede leer las páginas de este cuento, aunque ella le pide que siga hasta el final sin saltarse nada. De hecho, quiere que nunca haya un final. También le confía algo a lo que ella se ha aferrado a lo largo de todos sus álbumes y que ha utilizado para alentar la composición de sus canciones: los recuerdos de su amor. El recuerdo era lo único a lo que podía agarrarse en «All Too Well», pero ya no es solo responsabilidad suya; ahora pueden compartirlo. Este era el tipo de amor doméstico que Taylor había estado deseando en sus fantasías, desde «Mine» hasta «Stay Stay Stay». Y su deseo se hizo realidad.

También le confía algo a lo que ella se ha aferrado a lo largo de todos sus álbumes y que ha utilizado para alentar la composición de sus canciones: los recuerdos de su amor. El recuerdo era lo único a lo que podía aferrarse en «All Too Well», pero ya no es solo responsabilidad suya; ahora pueden compartirlo.

REPUTATION

Mención especial

«DELICATE»

La era *reputation* de Taylor surgió de una época horrible de su vida; pero, como muchos conflictos, también le proporcionó una forma de cambiar. Si todo el mundo piensa que estás descarrilando, ¿por qué no tomarte esa copa? Con el tiempo, Taylor llegaría a valorar la capacidad de este álbum para que llegáramos a conocerla más a fondo, como una persona de verdad. «Te presentan como esa "novia de América" siempre sonriente y feliz, y cuando te lo quitan, te das cuenta de que en realidad es estupendo que te lo hayan quitado, porque te limitaba muchísimo».[20] Es difícil recordarlo ahora, pero incluso ver a Taylor con ropa de calle era radical después de haberla visto siempre con bonitos vestidos o impecables conjuntos a juego.

Además de decir palabrotas por primera vez en «I Did Something Bad», en *reputation* se da la primera ocasión en la que aparece bebiendo. Antes la bebida siempre se representaba como algo descontrolado y poco atractivo. El crítico de «Mean» acaba borracho en un bar, despotricando sobre la forma de cantar de Taylor. En *1989*, emborracharse se utilizó como metáfora de los celos en «Blank Space», y el vino se derramó sobre el vestido de Taylor en «Clean», una forma perfecta de terminar ese álbum, dada la mancha que pronto se adheriría a su imagen de «novia de América». Sin embargo, en *reputation* bebe porque es divertido. En el vídeo de «End Game» aparece bebiendo cerveza y chupitos con un vestido de lentejuelas multicolor. De ahora en adelante, mencionará la bebida y la embriaguez de muchas formas en su música, incluidos el whisky como forma de superar la tristeza al estilo country en «this is me trying» y el champán como símbolo del matrimonio en «champagne problems». Salir por la noche es una forma normal de pasar el tiempo para una veinteañera. La gente no suele conocer a su amor verdadero en el patio de su casa al estilo de «Mary's Song (Oh My My My)» (*Taylor Swift*). Taylor hará de la bebida una parte tan normal de su forma de presentarse que a partir de ese momento disfrutará de una copa de vino en los programas de entrevistas e incluso pedirá una en un anuncio para una empresa de tarjetas de crédito que patrocinaba The Eras Tour. Al fin y al cabo, eso no ha impedido que se la considere un modelo a seguir.

Las primeras etapas de una relación son siempre tensas: ¿en qué momento se considera que una relación es seria? «Delicate» es una entrada importante en la categoría de canciones de Taylor de «¿acabaré siendo la chica de "cardigan" o la de "august"?» (*folklore*). Al igual que en «You Belong With Me», Taylor sabe que en las historias de amor hay otros personajes además de la pareja feliz, incluidas todas las chicas que no llegaron a convertirse en la novia, pero que siguen albergando sentimientos. «Delicate» es el primer indicio de que *reputation* puede ser un álbum de amor, y un correctivo a la Taylor de «I Did Something Bad», a la que aparentemente no le importa a quién le hace daño porque «everyone will betray you» («todo el mundo te traicionará», como más tarde escribirá en una pizarra en el vídeo de «Anti-Hero»). Aunque seguirá tratando con dignidad a las Augustines del mundo, esta vez la afortunada es ella. En *Red,* el amor y la esperanza empezaron de nuevo en una cafetería; ahora es en un bar de mala muerte.

Taylor es tan conocida por sus letras que a veces olvidamos que también es la productora ejecutiva de sus álbumes, que elabora el sonido. Quien dude de esto, que compare *Lover* con *Midnights*: están producidos prácticamente por el mismo grupo de personas, pero no suenan igual en absoluto. Taylor siempre se asegura de que sus canciones reflejen el ambiente que quiere crear a través del sonido, desde las dramáticas cuerdas de «Haunted» (*Speak Now*) hasta la insistente percusión que expresa su ineludible ansiedad en «The Archer» (*Lover*). Incluso en sus momentos más románticos hace que la situación resulte emocionante con un ritmo, ya sea el de sintetizador tropical en «Delicate» y «Cornelia Street», o el latido de su propio corazón en «Wildest Dreams» (*1989*). La letra de «Delicate» sobre la fragilidad de gustarle a alguien se acentúa con el uso de un vocoder para que la voz de Taylor suene más etérea. «Clean», la canción más introspectiva de su anterior álbum, *1989,* fue producida por Imogen Heap, cuya técnica de superponer voces muy procesadas es evidente en su canción «Hide And Seek», donde la distorsión final de su voz adquiere una calidad casi de órgano de iglesia. «Delicate» es a la vez etérea y muy bailable. Taylor describió el uso del vocoder en las canciones de amor del álbum como «muy vulnerable, emocional y triste de verdad, pero precioso».[21] «King Of My Heart» y «Getaway Car» también utilizan el vocoder, y Taylor volverá a recurrir a él en la distorsionada introducción de «Midnight Rain» (*Midnights*).

El vídeo de «Delicate» también demostró, pese a lo que se decía, que la antigua Taylor no estaba del todo muerta. Hace el tonto y pone caras graciosas. Cuando se sube al capó de un coche en un callejón lluvioso, un escenario habitual en los videoclips, es para demostrar su flexibilidad, ya que estuvo practicando durante todo un año para lograr hacer un *split* completo.[22] Taylor puede ser caótica pero, al fin y al cabo, siempre siempre lo da todo. Al final del vídeo, en el que está delante de los paparazzi pero se da cuenta de que parece invisible para la gente corriente que trabaja y se aloja en el hotel, entra en un bar llamado Golden Gopher, empapada por la lluvia como si hubiera corrido hasta allí. Todos se vuelven para mirarla, pero ella solo busca a una persona. Justo al final, lo localiza, y su cara se ilumina, dorada.

7

Lo que de verdad importa

LOVER

*E*n la última noche del Reputation Tour, en noviembre de 2018, Taylor le dijo al público: «He estado pensando mucho en el álbum *reputation*; siempre he considerado este álbum como un proceso emocional para afrontar los problemas. Es como una catarsis».[1] La gira le ofreció una oportunidad para divertirse con todo el tema, ya que Taylor le buscó el lado gracioso a las dificultades a las que se enfrentaba por la dramática pérdida de imagen ante la opinión pública: «Es que no sé explicar lo mucho que me costaba no echarme a reír cada vez que aparecía mi cobra hinchable de casi veinte metros llamada Karyn en el escenario, delante de 60.000 fans enloquecidos. Esta gira por grandes estadios es el equivalente a contestar el comentario lleno de odio de un troll en Instagram con un "lol"».[2]

Oír a miles de personas corear sus canciones tuvo una clara influencia en el siguiente álbum de Taylor, *Lover*, que ella definió como «una continuación natural de los acontecimientos de mi vida» (guiño-guiño, carita sonriente).[3] Una «carta de amor al amor», que retomaba la atracción que empezó en «Delicate» y que floreció en «New Year's Day» para convertirla en toda una historia de amor. Taylor explicó la diferencia entre que te guste alguien y el amor verdadero: «¿Esa persona es sincera, consciente de quién es y demuestra un sentido del humor ingenioso cuando menos te lo esperas? ¿Está ahí para apoyarte cuando lo necesitas? ¿Sigue queriéndote cuando te ha visto en el fondo del pozo? ¿O después de verte mantener una conversación con tus gatos, como si fueran humanos?».[4] A Taylor le parece romántica la capacidad de encontrarle el lado gracioso a las cosas: en *reputation* el único momento verdaderamente feliz es cuando se echa a reír en «Gorgeous», justo después de un verso sobre sus gatos. La risa es uno de sus superpoderes vocales. Desde su primera risa burbujeante en «Hey Stephen», la hemos oído reírse de puro placer («Stay Stay Stay») y reírse con amargura al pensar en el perdón («This Is Why We Can't Have Nice Things»). Se ríe dos veces en el primer tema de *Lover*, «I Forgot That You Existed», que habla de dejar atrás las cosas. Taylor describió *Lover* como «campos abiertos, puestas de sol y VERANO»,[5] comparado con *reputation*, que era «noche, oscuridad, como el pantano de una bruja».[6] Esta sensación de verano fértil insinuaba la explosión de creatividad que la llevaría a sacar dos álbumes en un solo año, 2020: «De verdad que tengo la sensación de que podría seguir haciendo cosas... Siento esas vibraciones. No creo que haya escrito nunca tanto. Y queda claro en *Lover*, que tiene el mayor número de canciones que he incluido nunca en un álbum (dieciocho, para ser exactos)».[7]

Tras años de estar envuelta en un misterio poco habitual en ella, a Taylor le entusiasmaba salir de nuevo a la luz del sol y darse cuenta de que los aspectos más oscuros que exploró en *reputation* no se encontraban en su zona de confort natural para conectar con sus oyentes.[8] Este afán por conectar implica que *Lover* está plagado de melodías para corear y de sonidos más alegres. La gira planeada se diseñó a modo de actuaciones como cabeza de cartel de un festival, mezcladas con minifestivales independientes de Taylor. Se llamaba Loverfest e iba a contar con la colaboración de muchos otros artistas. Una de las pocas declaraciones públicas que hizo durante *reputation* fue compartir una playlist de Spotify con canciones que le encantaban. Hizo lo mismo para *Lover*, añadiendo temas de The Chicks, Nicki Minaj, Kesha y Clairo, entre otras artistas. Corrían rumores de que serían las invitadas a tocar con ella en Loverfest, pero lamentablemente nunca lo sabremos, ya que la gira se canceló debido a la pandemia de covid-19.

Además, también estaba dispuesta a torturarnos con un montón de mensajes escondidos. El vídeo de «Lover» cuenta la historia de Taylor y su novio, interpretado por un amigo suyo, el bailarín Christian Owens. Escenifican sus vidas, mientras se acurrucan en el sofá, se van de fiesta, discuten y hacen las paces, en una casa con siete habitaciones, cada una con una paleta cromática distintiva. ¡Siete habitaciones para siete álbumes!

1. Una habitación amarilla y naranja donde Taylor y Christian juegan a juegos de mesa en el techo: una clara referencia a la regrabación de **Fearless**, que ella ya estaba tramando.[9]

2. Una habitación azul oscuro/morado en la que Taylor toca sola un pequeño piano hasta que Christian se reúne con ella: crear canciones ella sola significa **Speak Now**.

3. En una sala de rojo oscuro y rojo cereza donde se celebra una fiesta de Año Nuevo... Al final todo sale bien, pero la pareja discute cuando Taylor

cree que Christian está ligando con otra. El trauma de la fiesta de Taylor es más evidente en «The Moment I Knew» y «All Too Well (10 Minute Version) (Taylor's Version) (From The Vault)» de **Red**.

4. Una habitación azul en la que la pareja nada dentro de una pecera. Podría ser una metáfora de la intromisión de los medios de comunicación, que se explora en «Blank Space» y en «I Know Places». Es **1989**.

5. Un ático pintado de negro «en la azotea», como el momento de «King Of My Heart» en el que un tío conquista a Taylor diciéndole que le gusta. Esto es **reputation** sin duda.

6. Una habitación rosa donde la pareja discute y hace las paces. Es **Lover**.

7. Una habitación verde con el cuadro de un gato, donde Taylor toca una guitarra y también la batería. Su debut es el único álbum que queda, así que es **Taylor Swift**.

La casa representa la dicha doméstica que Taylor ha encontrado, sobre todo porque está dentro de una bola de cristal nevada, haciéndose eco de esa manera de un verso de una de sus fantasías románticas más tiernas, «You Are In Love». También tiene que ver con toda la obra que ha construido y es el primer indicio de que está echando la vista atrás, repasando sus eras (algo que añadirá a The Eras Tour, en la que incluye dos espacios más en la casa para *folklore* y *evermore*). En 2019 dijo: «Nunca quise derribar mi casa con cada reinvención. Porque yo la he construido».[10] Su siguiente plan era asegurarse de que era la dueña de la casa: «Siempre he escrito toda mi música, siempre he tomado todas las decisiones, siempre he controlado absolutamente todo lo que hago, pero en fin, el hecho de que sea la dueña [de *Lover*] tiene algo que lo vuelve más especial que cualquier otra cosa que haya hecho».[11] A simple vista, *Lover* era alegre y divertido, pero también supuso un hito en la carrera de Taylor. Había firmado un nuevo contrato discográfico por primera vez desde su adolescencia y se trataba del primer álbum que era de su absoluta propiedad.

Cuando firmó su primer contrato discográfico en su etapa de Nashville, acordó, como la mayoría de los artistas, que la discográfica sería la dueña del máster de grabación de sus álbumes. En la era dorada, era una cinta física que contenía la grabación de estudio original de una canción o un álbum a partir de la que se hacían todas las copias de los discos de vinilo, los CD y, posteriormente, las descargas digitales. En la actualidad, los artistas crean un máster digital, pero la idea es legalmente la misma: cuando hacemos *stream* de una canción, es una copia del máster de grabación de esa canción. Esto es importante por dos motivos: el dinero que se paga cuando se compra un disco de vinilo rosa con forma de corazón de edición limitada o cuando suena una canción en la radio se divide en dos. Quienquiera que sea el dueño del máster se lleva un buen trozo de la tarta, y si bien parte de eso le llega al artista en forma de regalías, podría ser una cantidad ínfi-

A simple vista, *Lover* era alegre y divertido, pero también supuso un hito en la carrera de Taylor. Había firmado un nuevo contrato discográfico por primera vez desde su adolescencia y se trataba del primer álbum que era de su absoluta propiedad.

ma según el contrato. El otro gran trozo de la tarta va a los compositores de la canción. Ya ves por qué un cantante se beneficia muchísimo si compone sus propias canciones y es el dueño del máster. Cuesta ganar dinero cuando recibes un 15 por ciento de la mitad de 0,01 dólares por reproducción en una plataforma de *streaming*.

El otro motivo por el que a Taylor le importan los másteres es que le dan al dueño, y al compositor, poder de decisión a la hora de autorizar para qué se usa la música. El dueño del máster puede decidir si se usa en series de televisión, en anuncios o en películas. Cuando el contrato discográfico de Taylor llegó a su fin tras seis álbumes, su antigua discográfica vendió los másteres. La música que había escrito sobre sus experiencias vitales, desde «Fifteen» hasta «Begin Again», pasando por «Delicate», se vendía como si fuera un trasto cualquiera. Eso la dejó hecha polvo como compositora y la cabreó como empresaria. Siguiendo la sugerencia de Kelly Clarkson, empezó el proceso de regrabar sus álbumes, con nuevas portadas y canciones nuevas «from the vault» («de la cámara acorazada»). Estas versiones propias, las «Taylor's Versions», han sacado a la luz muchísimas canciones nuevas y han conseguido que mucha gente que pasó por alto su música en su momento descubra los álbumes. El proceso implicó que Taylor dedicara mucho tiempo a su increíble fondo de armario e inspiró el tema de *Midnights* (13 noches sin dormir del pasado) y toda la idea para The Eras Tour. La inmensa alegría y el orgullo que siente Taylor por haber conseguido llevar a cabo el intenso y laborioso proceso de regrabar su antigua música es evidente. Es en *1989 (Taylor's Version)* cuando Taylor sonríe por primerísima vez en una portada. Kelly dice que cada vez que sale al mercado una Taylor's Version, Taylor le manda flores: «También me regaló un cardigan monísimo».[12]

Tomar las riendas de su arte le devolvió a Taylor la confianza en sí misma. En 2019, dirigió por primera vez un videoclip en solitario, el de «The Man». *Lover* tiene un toque juguetón, como el puente de «I Think He Knows», en el que la melodía se convierte de forma audaz casi en una simple escala musical. Taylor se sentía libre para hacer lo que quisiera con su nuevo contrato discográfico: «La química esencial de la antigua discográfica era que se ponía en duda cada decisión creativa que yo quería tomar [...]. Estaba dándoles demasiadas vueltas a esos álbumes».[13] Ah, y también ha regresado el descaro: en «I Think He Knows», Taylor conduce el coche y se sobreentiende que también lleva las riendas de la relación. *Lover* parece anclado en la actualidad, sin preocuparse por ser atemporal. Hay referencias graciosas a gente muy famosa en 2019, y después de seis álbumes hablando por teléfono, Taylor por fin usa internet para *stalkear* a quien le gusta en «Paper Rings». Aunque hay cierta ingenuidad fingida en el álbum, sus símbolos empiezan a ser más complejos, al igual que ella. El azul ha estado presente en sus letras desde el principio: en *Red* mira unos ojos azules; en «Georgeous», de *reputation*, eran el azul del mar; y en *Lover* se han oscurecido hasta una tonalidad índigo. El azul se había conectado con la tristeza y la pérdida en álbumes anteriores, pero aquí se convierte en una parte intrínseca del amor mientras la pareja afronta los altibajos. En «Paper Rings», ella se lanzará con él a unas aguas heladas aunque se vuelva azul. En «Lover», el corazón de él está triste («blue»), pero ella lo quiere de todas formas, y para siempre.

Aunque Taylor siempre se había reservado sus opiniones políticas —algo que decepcionaba a los fans, sobre todo con las elecciones presidenciales de 2016—, usó *Lover* para dejar muy clara su postura, tanto en política como en problemas sociales. La «cuidadosa imagen de neutralidad» de Taylor, tal como la llamó la revista *Vox*, tenía raíces muy profundas.[14] Taylor explicó en *The Guardian* en 2019: «Lo primero que te meten en la cabeza como artista country, y se lo puedes preguntar a cualquier artista country, es "¡No seas como The Dixie Chicks!"».[15] El grupo que ahora se conoce como The Chicks lo estaba petando en 2003, cuando un comentario político de su vocalista, Natalie Maines, condujo a una cancelación salvaje por parte de una industria musical que las había venerado hasta entonces. Uno de los inversores en la antigua discográfica de Taylor, Big Machine, era el cantante country Toby Keith. Le caían tan mal The Chicks que actuó delante de una pancarta con la cara de Natalie junto a la de Saddam Hussein. El suyo fue uno de los enfrentamientos más famosos de la música country, y sin duda alguna Taylor se enteró de todos los detalles en los primeros años de su carrera. En cuanto cortó lazos con su antigua discográfica de Nashville, invitó a The Chicks a cantar con ella, en «Soon You'll Get Better». Taylor buscó otras maneras de solidarizarse con otras colegas de profesión. En un gesto de apoyo a Kesha, donó 250.000 dólares para ayudarla a pagar las costas legales de la demanda que le puso el productor musical Dr Luke.[16] Hablando sobre la demanda por difamación interpuesta por un DJ de radio al que ella acusó de haberla manoseado, Taylor dijo: «Dar un paso al frente para contar lo sucedido es horrible. Lo sé porque mi juicio por abuso sexual fue una experiencia desmoralizante y espantosa. Creo a las víctimas porque sé por experiencia propia la vergüenza y el estigma que acarrea levantar la mano y decir "Me ha pasado esto"».[17]

Taylor abordó por primera vez las canciones de protesta, un género muy complicado, en «The Man» y «You Need To Calm Down». Mantener el equilibrio para conseguir tejer una canción que suponga una declaración fuerte y que sea lo bastante pegadiza es complicado: las mejores canciones pop de temática política a menudo hablan de equidad y de empoderamiento desde un brillante y eufórico envoltorio, como «Born This Way» de Lady Gaga o «9 To 5» de Dolly Parton. Hablar de política con unas elecciones y de democracia en una canción es harina de otro costal. Para empezar, ¿qué grado de conocimiento le presupones al oyente? En 2016 y 2017, muchas personas tenían la sensación de estar hablando de un tema del que llevaban años excluidos, mientras que las personas que ya se implicaban en política tenían la sensación de que esos novatos llegaban tarde a la fiesta (más o menos como ser un swiftie de la era *Midnights*). Intentar ponerse al día con ese cambio cultural provocó varias bajas importantes en la música pop. La contemporánea pop de Taylor, Katy Perry, cantó en 2017 «Chained To The Rhythm», que proclamaba que el pop en sí mismo era un agente paralizante del capitalismo diseñado para distraernos de los sucesos del mundo real. La canción estaba muy bien hecha (en colaboración con Max Martin, coescrita con Sia) y parecía reflejar las creencias de Katy. «Hablaba» de política. También se ha convertido de un ejemplo claro de un riesgo creativo y de una declaración bienintencionada que lastró, más que ayudar, una carrera pop.[18]

Taylor hizo sus deberes en lo que se refiere a la política de forma tan atenta y meticulosa como entrenó para lograr hacer un *split* completo: «Pasé mucho tiempo aprendiendo sobre el sistema político y las ramas del gobierno que firman las leyes que nos afectan en el día a día».[19] En *Lover* podemos escuchar varios años de reflexiones por su parte. El documental de Taylor *Miss Americana* les dio a los fans una idea sobre cómo ha conseguido impregnar de activismo su trabajo principal como estrella del pop: «Quiero que me guste la purpurina y también oponerme al doble rasero que existe en nuestra sociedad. Quiero vestir de rosa y decirte lo que opino de política, y no creo que esas cosas sean excluyentes».[20] Su mayor contribución a la cultura ha sido su forma de elevar la música pop hasta convertirla en una forma de arte (junto con Beyoncé, con quien comparte influencia). A medida que ha ido ganándose el respeto de la música *mainstream*, también lo han conseguido sus fans. Asociado culturalmente a las mujeres y a los hombres homosexuales, el pop no solo ofrece un respiro de las responsabilidades de la vida, sino también un modo de conectar con los demás a través de horas de discusiones y análisis. Solo trae alegría, y aun así en el pasado se ha despreciado por superficial. El mensaje que mandó Taylor al regrabar sus álbumes era que su trabajo era valioso, y por extensión también lo era ella, y extendiéndolo todavía más, también lo eran sus fans, in-

El mensaje que mandó Taylor
al regrabar sus álbumes era
que su trabajo era valioso, y
por extensión también lo era
ella, y extendiéndolo todavía
más, también lo eran sus fans,
incluidas todas las chicas
jovencísimas de su público.

cluidas todas las chicas jovencísimas de su público. La mayor declaración política de la carrera de Taylor es que deberías respetar a las chicas y sus gustos.

El lanzamiento de *Lover* se vio truncado por lo sucedido en 2020, pero su historia no acaba ahí. Hay mucho donde elegir en el álbum, según tus preferencias: la sensual «False God», con una base de saxofón, está junto a «You Need To Calm Down». La interpretación de Taylor de «False God» en *Saturday Night Live* hizo que mucha gente se aficionara a su música, porque mostraba una faceta de ella distinta de la de los singles que habían oído en la radio, desde «Shake It Off» hasta «Me!». Incluso su ropa dejaba claro que se trataba de una nueva Taylor: casi todo su vestuario durante la era *Lover* era de colores brillantes, casi ácidos y también tonos pastel. Para cantar «False God» se puso un elegante blazer negro con unos vaqueros con detalles brillantes, un conjunto más glamuroso para la noche. *Lover* ofrece algo para todos los gustos. Por una de esas vueltas que da la vida, el nuevo sonido del country hizo que ni «Me!» ni «You Need To Calm Down» pudieran llegar a lo más alto de la lista Billboard. Ni siquiera Taylor pudo sobrepasar el torbellino de TikTok que era «Old Town Road», de Lil Nas X, y que cambió las reglas del juego. Otra vuelta de la historia de la música digital llegó unos años más tarde. La canción que muchos fans creen que es el tema destacado de *Lover*, «Cruel Summer», fue creciendo en popularidad, incluso durante las eras de *folklore* y de *evermore*. Cuenta con la voz distorsionada que representa una especie de vulnerabilidad emocional e inseguridad en las canciones de Taylor, pero también tiene un estribillo muy pegadizo y el puente más gritable desde «Out Of The Woods». Incluso hace alusión a uno de sus clásicos, «Love Story», en la parte de la letra que habla de colarse en un jardín. La historia de la canción recuerda también a esa sensación desesperada de «Love Story»: «Anhelas algo que todavía no tienes del todo..., está justo ahí y es como que no puedes alcanzarlo».[21] «Cruel Summer» esperó a que le llegara su momento, volviéndose cada vez más popular y escalando posiciones en las listas de éxitos en el verano de 2023, mientras Taylor estaba de gira y la cantaba como la primera canción completa de The Eras Tour después de un fragmento de «Miss Americana & The Heartbreak Prince». En octubre de 2023 por fin llegó a la cima. Taylor, conocida por su gran interés por los números y por asegurarse de que todo estaba bien colocado en su sitio, podía relajarse: todos los álbumes que había sacado desde *Red* ya habían alcanzado el primer puesto en la lista Billboard Hot 100.

Los gatos de
Taylor Swift

LAS MASCOTAS DE LA FAMILIA TAYLOR

Antes de tener gatos, Taylor era copropietaria de los dos perros de su familia, llamados Bug y Baby. Aparecían en los vlogs que publicaba al principio de su carrera y se les puede ver en el vídeo de «Christmas Tree Farm», que está compuesto por secuencias de vídeo de la infancia de Taylor.

MEREDITH GREY

La primera gata de Taylor fue Meredith, adoptada en 2011. Es una fold escocesa y lleva el nombre de Meredith Grey, de la serie de televisión *Anatomía de Grey*, una de las preferidas de Taylor. Según los fans que la conocieron en las sesiones secretas, Meredith es «suave como el talco».[22] Tras un periodo sin tener presencia en las redes sociales (es decir, Meredith en su era *rep*), Taylor se vio obligada a contestar preguntas sobre el paradero de su gata de más edad en 2021: «La verdad es que Meredith DETESTA que le hagan fotos».[23] Taylor usó una foto de la introvertida gata para promover la seguridad durante la pandemia: «Para

Meredith, hacer cuarentena es una forma de vida. Sé como Meredith».[24]

OLIVIA BENSON

Olivia nació en julio de 2014 y también es una fold escocesa. Debe su nombre al personaje Olivia Benson de la serie de televisión *Ley y orden: Unidad de Víctimas Especiales*; Mariska Hargitay, que interpreta a Olivia, le devolvió el cumplido en 2024 cuando llamó Karma a su nueva gatita. Taylor dijo al respecto de elegir los nombres de sus gatas: «Mujeres fuertes, complejas e independientes. Ese es el tema».[25] Olivia viaja con estilo: en *Miss Americana*, Taylor la llevó en una mochila especial con una ventana para que pudiera ver el exterior. Olivia apareció en un anuncio de Coca-Cola Light con Taylor en 2014.

BENJAMIN BUTTON

Taylor conoció a Benjamin Button en el plató del vídeo de «Me!». La cuidadora del gato le dijo que estaba disponible para adopción: «Me dio un gato diminuto, que empieza a ronronear y... me mira en plan "Eres mi mamá y vamos a vivir juntos". Me enamoré».[26] Según Taylor, Benjamin es propenso a iniciar peleas: «Benjamin siempre es quien empieza y Olivia quien acaba. Aunque es el doble de grande que ella, Olivia es una luchadora increíble».[27] Benjamin tuvo el honor especial de aparecer sobre los hombros de Taylor en la portada de la revista *Time* cuando la nombraron Persona del Año.

LA PELÍCULA *CATS*

«Tengo gatos. Estoy obsesionada con ellos. Quiero tanto a mis gatos que cuando surgió un papel en una película llamada *Cats*, me dije: tengo que hacerlo. Como si fuera mi vocación hacerlo..., por las chicas».[28] Mientras se preparaba para su papel de Bombalurina en la película *Cats* de 2019, empezó a entender mejor a sus gatos al asistir a la «escuela gatuna»: «Ves vídeos de gatos, los ves andar, los ves presintiendo cosas, y aprendes cosas sobre ellos anatómica y biológicamente».[29] El entrenamiento dio sus frutos porque, aunque la película no ganó ningún Oscar, los críticos y los fans destacaron la interpretación de Taylor como una de las pocas que había comprendido la naturaleza teatral del musical. Taylor dijo: «Me lo pasé muy bien actuando en esa peli tan rarísima».[30]

KITTY COMMITTEE STUDIO

El estudio que Taylor tiene en casa, montado para poder grabar durante la pandemia, se llama Kitty Committee Studio. No tiene una ubicación fija y se refiere a cualquier lugar en el que necesite grabar desde casa. El estudio debe su nombre al «itty bitty pretty kitty committee» (que viene a ser el «comité de lindos gatitos»), como se refiere Taylor a Meredith, Olivia y Benjamin cuando habla de ellos en conjunto.

Los gatos de
Taylor Swift

«Tengo gatos. Estoy obsesionada con ellos. Quiero tanto a mis gatos que cuando surgió un papel en una película llamada *Cats*, me dije: tengo que hacerlo».

Mención especial

«MISS AMERICANA & THE HEARTBREAK PRINCE»

Cuando Taylor huyó al extranjero (Reino Unido) durante su retiro de la vida pública en 2016, tuvo la oportunidad de mirar a Estados Unidos por el retrovisor por primera vez. Antes de eso, la «americanidad» era el aire que respiraba. Al igual que muchos otros cantantes, una de sus primerísimas actuaciones en público fue cantar el himno nacional en un partido de fútbol americano. Sin embargo, la idea de convertirse en la encarnación de Estados Unidos ya rondaba la mente de Taylor. Antes de las giras de *Fearless* y *Speak Now*, la canción que precedía el inicio del espectáculo era «American Girl» de Tom Petty. La admiración de Taylor por esta canción tal vez sea el motivo de que escribiera «American Boy» para una de sus primeras demos en 2003, que va sobre un chico que crece en un pueblecito.[31] A medida que fue haciéndose más adulta, «American Girl» fue sustituida por «American Woman» de Lenny Kravitz en la gira de *Red*. Mudarse al extranjero hizo que su corazón estadounidense se ablandara más. En «King Of My Heart» usa el verbo «fancy» en vez de «like» para decir que le gusta a su nuevo novio, una señal de que ya estaba lejos de Tennessee. En *Lover*, la familiaridad de Taylor con el Reino Unido se hace patente en «London Boy», donde hay un montón de localizaciones específicas además de la intro de Idris Elba sobre montar en una scooter. Después de que acabara su idilio con Inglaterra, Taylor volvió a abrazar su papel como la personificación de la chica americana, diciendo «So Long, London» («adiós, Londres») y cambiando los partidos de rugby por los de fútbol americano. Eso la volvió a acercar muchísimo a un personaje importante de la historia de Estados Unidos, y también de Taylor Swift. Desde *Fearless*, ha invocado el símbolo por excelencia de la adolescente americana en numerosas ocasiones, y lo recupera en «Miss Americana & The Heartbreak Prince» más tenebroso que nunca: la animadora.

Ya en «You Belong With Me», la capitana de las animadoras era una rival para conseguir al chico popular. Cuando se vistió de animadora en el vídeo de «Shake It Off», se convertía en uno de los muchos personajes falsos que intentaba encarnar, sin conseguirlo del todo. Es evidente que nunca va a sentirse como una animadora popular, pero comprende el poder simbólico de la animadora. En «Miss Americana & The Heartbreak Prince», el estribillo se estructura en torno a los cánticos de las animadoras, haciendo que estas (que gritan consignas para animar a la lucha y a la victoria) sean sus coristas. La canción se ambienta en una versión desoladora del encantador instituto de canciones como «Fifteen»... Es una canción equivalente a la Taylor zombi del vídeo de «Look What You Made Me Do». Al igual que la Taylor zombi, la protagonista de «Miss Americana & The Heartbreak Prince» ha perdido su reputación de niña buena: incluso destruye su vestido de graduación, el símbolo de haber superado el instituto. En cambio, Miss Americana huye, supuestamente para no graduarse nunca.

Sería fácil creer que la canción trata de los obstáculos a los que se enfrentan las chicas en el instituto o de que es una metáfora que habla de los bullies de Taylor durante la era *reputation* de no ser porque ella nos dijo que «desde luego que va de política».[32] Al escribir «Miss Americana & The Heartbreak Prince», Taylor «quería tomar la idea de la política y trasladarla a un lugar metafórico para que existiera».[33] De ahí surgieron imágenes como la reina del baile de bienvenida, que gana un concurso de popularidad que sustituye a las elecciones presidenciales. El subtexto de la canción es el deseo de huir de todos los problemas de Estados Unidos, pero Taylor no puede hacerlo, de la misma manera que Miss Americana no puede dejar el instituto sin más. La sensación claustrofóbica de la canción refuerza el contexto de *Lover* en su conjunto. Comprometerse con la política a menudo resulta estresante y siempre se sale perdiendo, pero ya no hay otra opción. Al igual que «False God», «Miss Americana & The Heartbreak Prince» está es-

El subtexto de la canción es el deseo de huir de todos los problemas de Estados Unidos, pero Taylor no puede hacerlo, de la misma manera que Miss Americana no puede dejar el instituto sin más.

crita en si menor, lo que hace que parezca menos chispeante y alegre que otros temas como «Lover» o «Paper Rings». Estas dos canciones en clave menor nos dejan con una sensación de incertidumbre y de falta de resolución. En «False God», no queda claro si el amor es verdadero o falso. En «Miss Americana & The Heartbreak Prince», no queda claro si hay posibilidad de escapar del instituto maldito que es la democracia estadounidense.

A la hora de ponerle título a su documental, en el que se habla de su decepción por la recepción crítica que tuvo *reputation* y que también nos daba una idea sobre su proceso a la hora de componer canciones, eligió *Miss Americana*. Un reflejo de que la vida de Taylor se convierte en noticia nacional, incluso mundial. Para muchas personas de fuera de Estados Unidos, la propia Taylor simboliza los aspectos divertidos y espectaculares de la cultura estadounidense, así como, por desgracia, la forma en la que dicha cultura trata a sus chicas. La animadora es la chica americana por excelencia, pero su deporte no está reconocido ni recompensado del mismo modo que los deportes dominados por los hombres, como el fútbol americano. La directora del documental, Lana Wilson, dice que eligieron el título porque, al igual que la canción, habla del lado oscuro de la chica americana: «Aunque no conozcas la canción, creo que la cinta trata la otra cara de ser la novia de América».[34]

En el bosque

8

FOLKLORE

*E*n medio de un año gris, el mensaje fue pasando por un millón de teléfonos: «Está haciendo algo!!!!». Todos fuimos corriendo al Instagram de Taylor y vimos una nueva serie de imágenes, totalmente distintas de todo lo anterior, que solía ser la cara de Taylor cubierta con corazones de purpurina o fotos de bollos de canela y gatos. Ese día, había nueve fotos en blanco y negro de árboles (ÁRBOLES) y una imagen granulada de Taylor entre ellos con un enorme abrigo a cuadros. No había pie de foto; ella sabía que nosotros sabíamos que eso solo podía significar nueva música. «Está haciendo algo!!!!», respondieron un millón de personas.

Como la auténtica artista de álbumes que es, Taylor normalmente prefiere los lanzamientos a la antigua usanza. O anuncia la existencia de un nuevo álbum a través de las redes sociales (al estilo de *reputation*) o, de un tiempo a esta parte, lo hace en alguna ceremonia de entrega de premios delante de los fans y de otros músicos. En agosto de 2022, por ejemplo, anunció *Midnights* en los MTV Video Music Awards; y en febrero de 2024, aprovechó el discurso de agradecimiento al recoger su decimocuarto Grammy para anunciar su undécimo álbum de estudio, *The Tortured Poets Department*. Un anuncio con dos meses de antelación aumenta el hype, y ayuda a lanzar singles y videoclips. Con *folklore* lo soltó como si nada en las redes sociales el 23 de julio de 2020 y solo nos dio dieciséis horas para prepararnos emocionalmente, poder pillarnos un día libre y encontrar un rinconcito en el que acurrucarnos para escucharlo sin que nos molestaran. Al día siguiente se publicó *folklore*.

Cuando deambulas entre los árboles, encuentras toda una «ciudad mitológica americana» en *folklore*,[1] con un elenco de personajes sacados de la vida o de la imaginación de Taylor, entre ellos «un chico de diecisiete años de pie en un porche, aprendiendo a disculparse. Adolescentes enamorados deambulando de acá para allá en la siempre verde High Line. Mi abuelo, Dean, desembarcando en Guadalcanal en 1942. Una viuda inadaptada vengándose alegremente del pueblo que la echó».[2] Hay adictos y exiliados, adolescentes y trabajadores sanitarios. Taylor también señala que hay muchos «paralelismos líricos» en todo *folklore*, desde su propio examen de lo complicado que es ser Taylor Swift en «mirrorball» hasta lo difícil que es ser una adicta al perfeccionismo en proceso de recuperación en «this is me trying». Estos puntos interconectados, todos unidos por su forma de componer, el «hilo invisible» de todo su trabajo, lo convierten en una especie de mini Taylor-verso en sí mismo.[3]

Como todos los que se encerraron durante los primeros meses de la pandemia, Taylor dice que se sentía confusa porque no sabía qué hacer, si es que tenía que hacer algo.[4] Pero solo durante tres días. Luego escribió *folklore* para entretenerse. Mientras se enfrentaba a la vida como estrella del pop sin escenario, pensó en un compañero músico que conoció en 2019. Aaron Dessner, guitarrista y compositor del grupo The National, le había contado que su proceso de composición consistía en crear una pista que enviaba por correo electrónico a sus compañeros de grupo. Luego se pasaban la canción de unos a otros desde cualquier parte del mundo. Taylor estaba acostumbrada a enviar notas de voz con ideas de canciones a sus productores o a recibir pistas que ellos le mandaban para fijar sus ideas, pero trabajar a distancia en vez de hacerlo juntos en el estudio era un concepto nuevo. La ingeniera de sonido Laura Sisk, que trabaja con Taylor desde *1989*, le montó una cabina de grabación en su casa de Los Ángeles, que está cubierta de glicinas. Taylor la bautizó como el «Kitty Committee Studio».

Por primera vez desde *reputation*, ni el título del álbum ni los títulos de las canciones llevan mayúscula inicial. Taylor dijo que *reputation* «no era un álbum comercial en esencia» y aquí se mantiene la misma lógica.[5] *folklore* fue un experimento en un momento extraño, diseñado para ser consumido en pequeñas dosis. Casi no forma parte de su canon de estrella del pop.[6] Si era demasiado raro y a la gente no le gustaba, podía tratarse como una simple recopilación de canciones o como el típico experimento con distintos géneros que hacen otras estrellas del pop, y guardarse como una curiosidad para completistas. Como resultado, *folklore* tiene una cualidad lúdica: Taylor es como un (triste) niño aficionado al teatro, que le pone voz a los distintos personajes de ese pueblo llamado Folklore. Muchas de las canciones están estructuradas más como instantáneas, canciones conversacionales de Taylor al estilo de «Treacherous», con sus puentes letales. Esas canciones con una composición más sólida se remontan a sus inicios en el country, en especial «the last great american dysnasty» y «betty» (esta última incluso tiene una armónica para que la experiencia folk/country sea completa). Todo el proyecto parece tan holgado como las camisas de cuadros que lleva en las imágenes promocionales. Por primera vez en su carrera, no se jugaba el sustento de los cientos de personas que dependían de su capacidad para conseguir que alguna de sus canciones fuera un éxito y así iniciar una gira con todas las entradas agotadas, ni tenía detrás a todo internet discutiendo si había elegido el single correcto para presentar el álbum o no. Esa música era solo para ella, y para nosotros, que la escuchábamos en casa. Así que Taylor fue a su hogar musical: el género americana.

Es difícil etiquetar *folklore*. Donde algunos oían alt rock, otros oían un álbum de cantautora directamente salido de los noventa (tendremos que esperar hasta «willow» en *evermore* para que Taylor reconozca la influencia de las tendencias de los noventa). Su imagen fue más el resultado de sus propios esfuerzos debido al confinamiento, ya que no tenía un equipo completo a su alrededor: «Me retocaba el pintalabios y luego salía corriendo a un campo y [la fotógrafa Beth Garrabrant] hacía fotos».[7] Aunque el sonido es diferente, la estructura que tanto nos gusta de los álbumes de Taylor está prácticamente intacta: «the 1» res-

Esa música era solo para ella, y para nosotros, que la escuchábamos en casa. Así que Taylor fue a su hogar musical: el género americana.

tablece las expectativas en el primer verso, con una palabrota; hay una desgarradora pista cinco titulada «my tears ricochet» y una canción de cuento ligera y juvenil llamada «betty», en la línea swiftiana de canciones intencionadamente ingenuas como «Stay Stay Stay». Sin embargo, el tema de fondo es más triste, perturbador y oscuro que en los álbumes anteriores. Taylor le describió la inspiración de «my tears ricochet» a Jack Antonoff durante su reunión en los estudios Long Pond para tocar el álbum juntos por primera vez: «Alguien puede ser tu mejor amigo y tu compañero y la persona en quien más confías en tu vida, y luego puede convertirse en tu peor enemigo, que sabe cómo hacerte daño porque antes era la persona en quien más confiabas».[8] Taylor revisará esta traición, que describe como una mezcla de final de una amistad, de puñalada por la espalda en los negocios y de divorcio amargo, a través de *folklore*. Descubrió que las historias de divorcios, que implican el final de una mitología compartida y la disolución de un acuerdo financiero, encajaban con lo que estaba pensando: «Escribí los primeros versos de esa canción después de ver *Historia de un matrimonio* y de oír otros casos de matrimonios que van mal y acaban de forma tan catastrófica. Así que estas canciones son en parte imaginarias, en parte no, y en parte ambas cosas».[9] *folklore* explora emociones complejas que Taylor ha experimentado y que espera que compartamos: la depresión, la amargura persistente, la rabia frustrada que se acumula en el interior de las mujeres a lo largo de los años. Y se expresan en la historia de la que fuera la dueña de su casa, una mujer muy criticada, o en la des-

folklore explora emociones complejas que Taylor ha experimentado y que espera que compartamos: la depresión, la amargura persistente, la rabia frustrada que se acumula en el interior de las mujeres a lo largo de los años.

cripción que hace de la demoledora realidad de intentar serlo todo para todo el mundo como el ídolo adorado que es para sus fans. Aprendemos más sobre quién es Taylor por su forma de escribir sobre estos temas que lo que podríamos aprender de mil titulares sensacionalistas sobre su elección de pareja. No son letras confesionales, sino íntimas. *folklore* es la conversación mejor escrita que podrías escuchar.

¿Y qué escuchamos? Historias del barrio. Si hay una imagen que aparece tanto en las letras como en los videoclips de Taylor desde el principio, es ella hablando por teléfono, desde «Our Song» a «Maroon» pasando por «Look What You Made Me Do». Dice: «Did you hear young James went off with Betty in the end? I know!» («¿Te has enterado de que al final ese muchacho, James, se fue con Betty? ¡Lo sé!»); «That hussy Taylor Swift bought the Standard Oil house. Her Fourth of July parties are so loud» («Esa fresca de Taylor Swift compró la casa de Standard Oil. Sus fiestas del Cuatro de Julio son muy escandalosas»); «And did you hear her drop the F-word twice on this album? She's really lost her mind» («¿Y la has oído soltar la palabra que empieza por efe dos veces en este álbum? Se ha vuelto loca de remate»). Su habilidad para equilibrar la luz y la oscuridad aparece cuando dice palabrotas. En «mad woman» masculla «Fuck you» («Que te jodan»), pero en «betty» la preocupación de James porque Betty le suelte un «que te jodan» es mucho más desenfadada. Expresar por fin la ira supone un momento importante en su trayectoria. La ira de las mujeres se suele tratar como un momento de locura y algo repulsivo, y también como una pérdida de la moralidad, que es el terreno donde están seguras, así que cuando las estrellas del pop como Beyoncé expresan una ira incontenida, por ejemplo en «Ring The Alarm», eso implica una declaración importante. Las canciones más furiosas de Taylor antes de *folklore* son aquellas en las que es capaz de adoptar una postura moralista, desde «Should've Said No» hasta tratar a su némesis como a un niño travieso en «Better Than Revenge» o «Bad Blood». La historia de su malograda relación con las personas con las que había trabajado desde sus inicios, cuando todavía soñaba con que sus canciones sonaran en la radio, es más turbia y tiene que ver con negociaciones contractuales y confidencias sobre la industria musical. Nuestra principal fuente de información es Taylor, e incluso ella parece no tenerlo claro. Sus lágrimas «rebotan» («ricochet») de un lado a otro entre ella y el antagonista. Es una herida que los hiere a ambos y una guerra que no tiene vencedores. «mad woman» expresa su rabia, pero también habla del derecho de Taylor a cantar sobre lo que quiera. Hizo su primera declaración sobre el feminismo en «The Man» y ahora explora el complejo matiz de cómo se siente con la doble moral: «Lo que más rabia provoca de ser mujer es la luz de gas que te hacen, cuando durante siglos se ha esperado de nosotras que absorbiéramos el comportamiento masculino en silencio».[10] Y no va a reescribir su versión de los hechos: lleva escribiendo sobre el maltrato desde las enloquecedoras partidas de ajedrez de «Dear John».

Además de abordar las arenas movedizas (gracias, «Treacherous») de cuando te hacen luz de gas, «mad woman» abre nuevos caminos al utilizar por fin la palabra «woman» («mujer») en vez de «girl» («chica»). El pop está obsesionado con la juventud y tiene una relación desigual con las mujeres adultas, como descubrió Taylor cuando se convirtió en una de ellas. Hablando con *Vogue*, Taylor aborda su ignorancia sobre el sexismo cuando era adolescente y cómo cambió cuando se hizo mayor: «En cuanto me convertí en mujer, a los ojos de la gente, fue cuando empecé a verlo».[11] Taylor se describe a sí misma como mujer por primera vez en «the last great american dynasty», algo que tiene sentido; las chicas son poderosas en muchos aspectos, pero no compran demasiadas propiedades. La canción cuenta la historia de Rebekah Harkness, la antigua propietaria de la casa de Taylor en Rhode Island, donde celebra sus famosas fiestas del Cuatro de Julio. El minimalismo y la amplitud de la música de Aaron inspiraron a Taylor: «Llevaba queriendo escribir una canción sobre Rebekah Harkness desde 2013, más o menos, y no había encontrado la forma correcta de hacerlo porque no encontraba ningún tema que me ofreciera la sensación de que podía contener toda la historia de la vida de alguien».[12]

Esta separación entre adolescente y mujer le permite a Taylor escribir la letra sobre la inocencia más perfecta y conmovedora hasta la fecha. Las tres primeras notas de piano de «seven» se elevan como el columpio sobre el arroyo en su memoria («in the swing over the creek»). Usa la entonación de niña pequeña en su voz en los versos sobre las trenzas en el pelo («your braids like a pattern») y los piratas («we can be pirates»), utilizando tanto sus cuerdas vocales como su talento para adoptar diferentes voces y lograr el mejor efecto. El piano suena como si lo tocaran unas manos regordetas e infantiles. Algunas de sus canciones canalizan energía infantil, como «Stay Stay Stay» o «Love Story», pero «seven» es más bien un respetuoso testamento de la seriedad de los intereses infantiles; la pequeña Taylor de la canción tiene un plan completo para ayudar a su amiga a escapar de su padre, que está enfadado. La canción también menciona el concepto de un «folklore» del amor, transmitido de persona a persona como una tradición o una canción popular. Hasta ahora, Taylor recurría a las imágenes de amor que le habían transmitido, como las de *Taylor Swift*. A estas alturas, es ella quien crea nuevas imágenes de amor, desde la limpieza después de la fiesta en «New Year's Day» hasta este diminuto y delicado retrato de dos niñas caminando por un arroyo, sumidas en una conversación sobre escaparse para convertirse en piratas.

Todas estas opciones apuntan a que el género de *folklore* es simplemente «Taylor Swift». Pero se ha debatido mucho sobre esto en la prensa y en los foros de fans, porque mucha gente tiene un interés emocional por categorizarlo todo. ¿El álbum es «indie» o «alternativo»? La etiqueta de «indie» describía en un principio la música hecha en un sello independiente y no para una gran discográfica como Sony. Taylor y Aaron pueden haber encontrado un terreno común, ya que Taylor estuvo en un sello discográfico independiente, Big Machine, durante los seis primeros álbumes de su carrera, lo que hace que canciones como «Shake It Off» sean música indie por definición. Con el tiempo, el término «indie» ha llegado a asociarse no con la forma en la que se distribuye la música, sino con un sonido específico de guitarras, menos potente que el rock clásico y que explora temas más introspectivos, por ejemplo la adicción («this is me trying») y el sentimiento de tristeza. Esto encajaba a la perfección con el ambiente de 2020; tal como ella misma dijo sobre *folklore* y la entusiasmada acogida que tuvo por parte de la crítica, «todo el mundo necesitaba una buena llorera».[13] El sonido de *folklore* y la presencia del músico indie Justin Vernon, de Bon Iver, crearon nuevos caminos en el Taylor-verso para los fans que no se sentían cómodos caminando por la calle de la Adolescencia Femenina, con sus delicadas guirnaldas de lucecitas, o encontrándose con las multitudes de la avenida Chica Popera. Aparte de sus credenciales indie, Justin Vernon resultó ser un compañero de escena natural para Taylor, que describió el momento de oír el puente que escribió para «exile» como: «Manos en la cara, la cara se derrite, todo está hecho de confeti».[14] Más tarde, Justin pasaría a desempeñar un papel más importante en *evermore*, tocando la guitarra y la batería en «cowboy like me» y en la carta de letra envenenada que es «closure», además de ayudarnos a ascender al cielo de los duetos en la invernal «evermore».

Aunque en su mayor parte prescinda del dramatismo de la canción pop (si bien el final de «betty» tiene algo en común con el giro inesperado de «Love Story»), *folklore* no es suave. De algún modo, desarma al oyente y lo apuñala. En un reconocimiento poco habitual en la música pop de la experiencia específica de la pandemia de covid-19, «epiphany» incluye una referencia a la gente que se ve obligada a cogerles las manos a sus seres queridos a través de una lámina de plástico por miedo a contraer el virus. Aunque Taylor ya había tratado con anterioridad la oscuridad del amor perdido y había adoptado firmes posturas políticas, todavía resulta asombroso escucharla así. Es una nueva faceta de Taylor. El nuevo territorio lírico de *folklore* surgió mientras observaba, escuchaba y pensaba en las historias de otras personas, sentada a ver interminables películas en el confinamiento.[15] El comienzo de «epiphany» suena incluso como el tintineo un tanto discordante de una orquesta mientras afina. La idea de cientos de personas reunidas para tocar y escuchar música era solo una fantasía en el verano de 2020.

Puede que ese aislamiento sea la razón por la que Taylor creó toda una clase amargada de instituto con la que pasar el rato en las canciones «betty», «august» y «cardigan». Cuando se escucha el álbum en orden, nos encontramos primero con el personaje principal de «cardigan», que ha escapado de la imagen de chica natural de barrio residencial de clase media y ahora lleva «pintalabios negro» y «tacones altos». Es reflexiva y lírica, e impregna al chico que le gusta de mística y magia. Si este chico es realmente el James de «betty», Betty se esfuerza mucho en «cardigan» para que parezca una figura romántica seria (un metacomentario sobre cómo Taylor hace que sus musas parezcan increíblemente seductoras y fascinantes en su música).[16] En «betty», James se deja convencer fácilmente por la chica de «august», llamada Augustine por Taylor en *Folklore: Long Pond Studio Sessions*. La coronación del triángulo amoroso es la historia de Augustine, la chica que pasa un verano con James, y vive con la esperanza de que su aventura de verano se convierta en una relación. Es el tipo de situación que Taylor describe en «Cruel Summer» y «Delicate»: las tímidas etapas entre el ligue y el amor, en las que temes que la persona esté a punto de huir. Ella le mira la espalda cuando van a la playa, deseando tocarlo y reclamarlo, pero sin saber si le está permitido. James huye al final y Augustine se queda esperando a que él la llame, perdiendo el tiempo. Es un retrato amable y sensible de una figura que suele quedar fuera de la historia de amor: la mujer que ve frustradas sus esperanzas. Augustine es «la otra», como le pasa a la protagonista de «illicit affairs». Taylor extiende su empatía hacia estas dos mujeres de una forma que a menudo se niega en una sociedad que considera que el adulterio, en palabras de «Getaway Car», es el peor crimen. «La idea de que en cualquier tipo de situación hay una chica mala sin escrúpulos que se lleva a tu hombre es en realidad un mito, porque en realidad no es así. Todo el mundo tiene sentimientos y quiere que lo reconozcan y lo quieran».[17]

Todos esos libros que Taylor leía durante el confinamiento se colaron en sus canciones. A lo largo de su obra, ha hecho referencia a versos de poesía, dentro y fuera de las letras. En las notas del álbum *Red* dijo que se inspiró en un verso de un poema de Pablo Neruda («Puedo escribir los versos más tristes esta noche»): «El amor es corto, el olvido es muy largo». «illicit affairs» utiliza una referencia literaria para unirla con un hilo invisible a una canción muy antigua. Tanto su canción de 2006 «The Outside», como «illicit affairs» y «'tis the damn season» de su siguiente álbum, *evermore*, citan el poema de Robert Frost «The Road Not Taken» y sus famosos versos finales. Es una imagen similar a la del universo paralelo que imaginó en «The Man», donde se preguntaba: «Si hubiera tomado las mismas decisiones, cometido los mismos errores y conseguido los mismos logros, ¿cómo se interpretaría?».[18] En «illicit affairs» eligen la ruta menos transitada para evitar que los pillen de camino a un encuentro secreto de los que siempre parece tener el malo de «mad woman» (cuando Taylor lo interpreta en directo, cuenta con los dedos cuatro o cinco ligues). Ese hombre engaña a su mujer y ella ni siquiera parece molesta, mientras que Taylor salió con «una cantidad normal de chicos» cuando era joven y, a día de hoy, el principal dato que tiene la gente sobre ella es que «tiene muchos novios».[19] El otro camino de «illicit affairs» es también un reconocimiento llamativo y

«La idea de que en cualquier tipo de situacion hay una chica mala sin escrupulos que se lleva a tu hombre es en realidad un mito».

generoso de las vidas vividas más allá del binomio moral imperante, en las que un compañero sentimental puede experimentar distintos tipos de pasión, y que también se utiliza como recurso para una conexión única en «Out Of The Woods» y en «Question...?». Al fin y al cabo, y tal y como expresó en «Daylight», el amor no tiene por qué ser blanco y negro, sino que puede ser rojo, dorado, lavanda o azul. Para tratarse de un álbum con una portada monocromática, *folklore* acaba siendo un derroche de color. En concreto, encuentra un nuevo tono de azul en su paleta. En «invisible string», «peace» y «hoax», Taylor menciona «the blues», o la depresión, como parte de la vida y de la persona a la que ama. En *Folklore: Long Pond Studio Sessions*, le preguntó a Jack Antonoff: «¿Con quién te gustaría estar triste? ¿Y con quién te gustaría lidiar cuando esa persona estuviera triste? ¿Te quedarías con alguien que tiene cielos grises que a veces duran meses?».[20] Ella se quedaría.

El sol se pone en el pueblo llamado Folklore. Cuando Taylor estrenó el vídeo de «cardigan», que parece narrar una fantasía, estaba en una cabaña, con un camisón blanco y el pelo recogido en dos moños con sus ondas naturales, una imagen que definiría para siempre este momento de su trayectoria creativa y estética (como consecuencia del distanciamiento social, se peinó sola y eligió ella misma el vestuario para el vídeo). Como si fuera una escena de *El león, la bruja y el armario*, pero sin perder su toque característico, Taylor entra en un piano en vez de en un armario, y en su interior encuentra un mundo lleno de historias. *folklore* fue recibido con el tipo de emoción que solo podía experimentar un mundo de fans de la música a los que se les había negado la alegría y la novedad durante tres meses. Fue increíble. No solo había un nuevo álbum de Taylor, sino que sus letras habían alcanzado cotas que ni siquiera sabíamos que existían dentro de su mente. Para Taylor, el amor que recibió el álbum fue un estímulo que la animó a seguir haciendo música que no estaba directamente ligada a su condición de famosa. «Vi un camino para mi futuro que fue un verdadero punto de inflexión lleno de emoción y felicidad».[21] En 2020, el futuro aún era muy incierto, y nadie sabía cuándo podrían volver a celebrarse giras y conciertos. Parecía un momento tranquilo y pequeño en el que la vida ordinaria quedaba suspendida. Así que Taylor decidió que no había terminado con aquello. *folklore* tendría una hermana.

Mención especial

«MIRRORBALL»

«mirrorball» explora el dilema de cómo atraer a todo el mundo siempre. La metáfora del espectáculo que llega a su fin está sacada de las giras anteriores y refleja la decepción cuando se canceló el Loverfest. La discoteca (*1989*), el rodeo (yee-haw!, el Fearless Tour) y el circo (Taylor vestida de maestra de ceremonias en el Red Tour) están todos cerrados. Hablando de escribir la canción en medio de la pandemia, Taylor dijo que era «la primera vez, y una de las únicas, que se aborda líricamente el momento que estamos viviendo..., es un álbum que te permite sentir tus sentimientos y es producto del aislamiento».[22]

Cuando se estrenó «mirrorball», quedó clara su angustia y el impulso que sentía para trabajar, aun cuando tenía todos los motivos para descansar durante el confinamiento. «Tengo una excusa para sentarme y no hacer nada, pero no lo hago, y no puedo, y no sé por qué».[23] La canción se vuelve cada vez más clarividente a medida que crece la fama de Taylor y todos nos hemos hecho a la idea de lo que significa que nuestras palabras y nuestros rostros den la vuelta al mundo a través de las redes sociales. Al igual que sus imágenes sobre la fama y el centro de atención se remontan hasta «Tim McGraw», aquí también hay dos lecturas. «Era una metáfora de la fama, pero también era una metáfora de mucha gente [que siente] que tiene que estar "de moda"».[24]

Como famosa internacional e icono de uno de los mayores fandoms musicales, Taylor es la mejor a la hora de complacer a la gente y sufre el empeño patológico de crear lanzamientos de álbumes divertidos, éxitos entretenidos y, tal como reveló en *Miss Americana*, de mantener una imagen determinada para evitar las críticas. Como todos los espejitos de la bola de discoteca que da título a la canción, Taylor crea constantemente nuevas imágenes de sí misma en todas las plataformas para asegurarse de que seguimos prestándole atención. Es un sentimiento descarnado para una estrella que ha cultivado una relación tan estrecha con sus fans: la fama puede ser un arma de doble filo. Hablando de que llegó a plantearse si debía publicar «mirrorball» o no, Taylor confesó que se había preguntado si era incluso demasiado descarnada.[25] A todos aquellos que han crecido con internet, y especialmente a los que sienten que tienen que estar conectados a todas horas por trabajo o para encontrar una comunidad, les pide que piensen en la carga que supone convertirte en una marca: «Todos tenemos la capacidad de cambiar de imagen constantemente, pero ¿qué consecuencias tiene para nosotros?».[26]

La bola de discoteca nos muestra múltiples versiones de nosotros mismos, y por desgracia no siempre es nuestro mejor yo. En los últimos años, el fenómeno fan se ha convertido en una fuerza social importante. Se denomina «economía fan» y se basa en nuestra lealtad y devoción a determinadas personas o marcas. Taylor ha demostrado ser uno de los mayores genios del marketing de nuestra era, aunque también ayuda que tenga un producto excelente que vender. Podemos estar seguros de que siempre sacará canciones de gran calidad. Entre lanzamiento y lanzamiento de álbum, nos mantiene entretenidos con giras; estrenos de cortometrajes, como el de la versión de diez minutos de «All Too Well»; y lo que la escritora Anne Helen Petersen llama su «arte para el cotilleo», que no es otra cosa que su capacidad para crear momentos emocionantes a partir de algo tan sencillo como salir a cenar. Taylor es una persona con un carisma excepcional, una auténtica bola de discoteca que ilumina la habitación. Pero aunque es magnífica a la hora de hacerse con nuestra atención, no siempre puede controlar los resultados. La petición que hizo en el escenario en 2023 de que fuéramos «amables y tiernos en nuestras andanzas por internet», para que los fans dejaran de protegerla de forma tan agresiva, fue prácticamente desoída.[27] Sus exnovios y examigos y los críticos musicales reciben avalanchas de comentarios desagradables. Es un reflejo de la mentalidad mafiosa que puede infectar cualquier comunidad, pero es

La petición que hizo en el escenario en 2023 de que fuéramos «amables y tiernos en nuestras andanzas por internet», para que los fans dejaran de protegerla de forma tan agresiva, fue prácticamente desoída.

frustrante verlo en el fandom de una cantante que valora tanto la buena educación y cuya declaración más agresiva fue «Better Than Revenge» («Mejor que la venganza»).

El aumento del tiempo que pasamos con nuestros móviles en 2020 significó que había más gente que nunca usando plataformas como TikTok. El enorme repertorio de Taylor y su intrigante personalidad la convirtieron en el tema ideal para todo tipo de cosas, desde concursos sobre lo fan que eras hasta análisis profundos al estilo del *true crime*. Los *Easter eggs* o mensajes secretos que Taylor había ido dejando a lo largo de su carrera eran las pistas del misterio, adivinar la fecha de lanzamiento del próximo álbum era la solución y todos éramos Poirot. Taylor se unió a TikTok en agosto de 2021 y empezó a publicar vídeos divertidos para que buscáramos indicios sobre el próximo álbum (un fallo [«glitch» en inglés] en su vídeo resultó ser una referencia a la canción «Glitch», de la edición deluxe de *Midnights*) y el tipo de contenido entre bastidores que no veíamos desde su desaparición durante la era *reputation*. En noviembre de 2021, la poderosa narrativa detrás de la regrabación de «All Too Well (10 Minute Version) (Taylor's Version) (From The Vault)» fue un punto de inflexión. *Variety* informó de que «en dos días, las visualizaciones del contenido de TikTok relacionado con Taylor pasaron de un máximo anterior de 80 millones a más de 260, mientras sus fans debatían sobre la nueva letra e intentaban descubrir los mensajes ocultos del cortometraje que dirigió, protagonizado por Sadie Sink y Dylan O'Brien».[28] Si Taylor ya era mundialmente famosa antes, en ese momento se había vuelto una estrella universal.

Turno de noche

9

EVERMORE

*M*uchos de los álbumes de Taylor se abren con un nuevo comienzo. En *1989*, Taylor está en una nueva ciudad escuchando una nueva banda sonora. Cuando sacó *Lover*, hizo de «I Forgot That You Existed» la canción con la que abría el álbum, porque lo tenía superadísimo. En *folklore*, había de verdad algo nuevo en marcha, sonora, creativa y personalmente, el carrusel al completo. Pero por más emocionantes que sean las reinvenciones, también pueden llegar a resultarle agotadoras, tal como describió en su documental *Miss Americana*:

> Tener que reinventarte constantemente, buscar constantemente nuevas facetas de ti misma que a la gente le parezcan brillantes. Sé nueva para nosotros, sé joven para nosotros, pero solo de una forma nueva y solo de la forma que queremos. Y reinvéntate, pero solo de una manera que nos parezca reconfortante a la par que desafiante para ti. Vive una narrativa que nos parezca lo bastante interesante como para entretenernos, pero no tan salvaje como para incomodarnos.[1]

Taylor puede ofrecer su mejor versión con el estilo que tiene en la actualidad a la hora de componer cuando no vuelca su energía en una transformación. En *Speak Now*, escribió «Dear John» y perfeccionó el puente swiftiano. Pero incluso la era *Speak Now* implicó diseñar una nueva gira y hacer muchas comparecencias en los medios de comunicación. Taylor decidió seguir haciendo música con Aaron Dessner y Jack Antonoff el mismo día que grabaron el documental *Folklore: The Long Pond Studio Sessions*. *folklore* y *evermore* tienen un toque ligero porque Taylor se estaba tomando un tiempo libre del trabajo diario que supone ser una estrella del pop: «Tengo que hacer un tracklist en el que un tema va para el espectáculo en el estadio, otro para la radio y otro para las personas que quieren comulgar con sus sentimientos, hecho, hecho, hecho».[2] En cambio, Taylor produjo obras maestras de la narrativa, como «'tis the damn season», una canción repleta del imaginario de los pueblecitos con sus camionetas sacado directamente de *Taylor Swift*, pero escritas contando con la ventaja de llevar catorce años perfeccionando su arte. Y unas cuantas copas, porque según Aaron Dessner, después de grabar el documental en los estudios Long Pond: «Tocamos toda la noche y bebimos mucho vino después de la conversación junto al fuego —y nos cogimos una buena, la verdad— y luego creí que ella se había acostado. Pero a la mañana siguiente, a eso de las nueve de la mañana, apareció y me dijo: "Tengo que cantarte esta canción", y la había escrito en plena noche».[3]

El nuevo territorio de estas canciones, que exploran la vida fuera de «the one» (refiriéndose a la mítica media naranja, no a la canción) ha suscitado las comparaciones con la cantante folk Joni Mitchell, otra grandísima compositora que habla de la vida y del amor. Las canciones de Joni Mitchell, una mezcla de temas alegres y desenfadados, llenas de brillantes detalles, como la armonía doméstica de «Chelsea Morning», y de canciones desoladoras como «River», hacen que el vínculo entre Taylor y ella sea evidente. Sin embargo, tuvo un comienzo accidentado.

Según el crítico que inspiró «Mean», de *Speak Now*, fue él quien le sugirió a Taylor que escuchara el álbum *Blue* de Joni. Da igual cómo descubrió a la veterana compositora diarista, porque, para la gira de *Speak Now*, Taylor estaba enamorada: se escribió algunas letras de Joni en los brazos para cinco conciertos, incluida una muy swiftiana sobre viajar por una carretera solitaria, la de «All I Want». Mientras promocionaba *Red*, Taylor dijo que *Blue* era su álbum preferido de todos los tiempos, porque «explora el alma de alguien en profundidad».[4] Joni y Taylor tienen mucho en común como mujeres en el mundo de la música, en especial el hecho de que algunos críticos las despreciaran al principio de sus carreras, antes de que sus logros fueran evidentes; una crítica de 1967 de un concierto de Joni definía a la futura leyenda y autora del tercer mejor álbum de todos los tiempos según *Rolling Stone*[5] como «un espectáculo con un minivestido de lamé plateado y ceñido, y el pelo rubísimo que le cae por debajo de los hombros»,[6] mientras que una reseña de *Blue* en 1971 lo describía, de forma hilarante, como «canciones con una figura preciosa y maravillosamente cantables en vez de algo más profundo».[7] ¿Qué más querían?

Taylor ha hablado de su admiración por la capacidad de Joni para «atravesar tantos matices de sí misma»;[8] desde luego que vimos nuevos matices de Taylor en *evermore*. En comparación con el imaginario almibarado de algunas canciones anteriores sobre el matrimonio, desde «Mary's Song (Oh My My)» hasta «Lover», Taylor mata a un marido asesino por venganza en «no body, no crime (feat. HAIM)». El posible prometido despechado de «champagne problems» se monta en un tren nocturno para evitar las miradas críticas después de que su prometida huya. «tolerate it» se inspiró en *Rebeca,* la novela gótica inglesa de 1938 escrita por Daphne du Maurier, en la que se describen las tensiones en el matrimonio de la joven (y segunda) señora De Winter. Taylor dice sobre el momento en que leyó *Rebeca*: «Me quedé pensando: "Uf, su marido solo la soporta, ella está haciendo un montón de cosas y se está esforzando por impresionarlo, pero él se ha limitado a tolerarla durante todo ese tiempo". Una parte de mí se sentía identificada porque, en un momento de mi vida, yo sentí lo mismo».[9] Después de toda esa sensación que recordaba a un divorcio de «my tears ricochet» y «mad woman» en *folklore,* son dos álbumes estupendos para quien le tenga fobia al compromiso. Si se halla el amor, será entre dos marginados, que se encuentran en una especie de tienda en «cowboy like me». Esta canción, una de las actuaciones vocales de Taylor más cautivadoras, lenta, cinematográfica y desde la perspectiva de una cínica estafadora va de encontrar a tu pareja donde menos te lo esperas. La imaginación de Taylor es magnífica para descubrir lugares: la canción empieza en una pista de tenis convertida en pista de baile, pasa por el bar de un aeropuerto y acaba en los jardines de Babilonia.

Aunque *folklore* supuso un enorme salto sonoro, *evermore* contiene los verdaderos tesoros que revientan los límites. En «peace» de *folklore,* Aaron Dessner proporcionó a Taylor su instrumental más disparatado hasta la fecha. Fue un punto de inflexión. Le dijo: «Cuando te oí marcar el puente y también todos esos tiempos extraños con los cambios raros de acordes, fue como "vale, podemos hacer lo que sea"».[10] *evermore* contiene parte de la música más rara y experimental de Taylor. El sinuoso compás con el que jugó un poco en «New Year's Day» se materializa en los inusuales compases de 10/8 de «tolerate it» y «closure»,[11] su canción más experimental desde que lanzó sin querer ocho segundos de ruido blanco.[12] Es todo un ejemplo del gran sentido musical de Taylor que fuera capaz de escribir con un compás tan complicado. Para los que buscan paralelismos entre el desarrollo artístico de Taylor y el de Joni Mitchell, esto es prometedor para el vigésimo o el trigésimo álbum de Taylor, cuando podría hacer uno de jazz, o escribir una ópera, o dedicarse a cualquier otro género musical que le interese.

De hecho, Taylor pone el foco en la ópera con «marjorie», una preciosa canción sobre su abuela, la cantante Marjorie Finlay. La letra relata los consejos que Marjorie le transmitió sobre cómo equilibrar la inteligencia con la amabilidad, y la cortesía con el poder. Es fascinante escuchar el impacto de su abuela materna, a la que le encantaba nadar en aguas frías y de la que seguramente Taylor ha heredado su talento musical: «Le encantaba entretener: cuando daba fiestas, se ponía en pie y cantaba para sus amigos».[13] Marjorie murió en la época en la que Taylor fue a Nashville para intentar distribuir sus maquetas. No llegó a ver cumplidos los sueños de su nieta, pero ayudó a crearlos cuando la llevó a ver su primer musical, *Charlie y la fábrica de chocolate*, que despertó a la niña teatral que Taylor llevaba dentro: «Empecé a hacer musicales infantiles, porque me encantaba ver a esos niños ahí arriba cantando y actuando».[14] Podemos ver lo mucho que colea esta experiencia escénica en sus gestos teatrales sobre el escenario. Hay momentos en su música que ella compara con un canto «casi operístico», como el agudo extremo con el que entona la palabra «stay» en «All You Had To Do Was Stay» (*1989*).[15] Ahora Marjorie vive gracias a una de sus canciones más conmovedoras sobre la memoria y el arrepentimiento: «Abría el armario de mi abuela y veía esos vestidos preciosos de los años sesenta. Ojalá le hubiera preguntado dónde llevó cada uno de ellos».[16] La voz de Marjorie, cantando un aria de Puccini, se oye de fondo en el tema.

evermore tiene tantas voces y tantas aportaciones musicales bajo la superficie que es un pecio lleno de tesoros. La dramática sección de cuerda de «Haunted» (*Speak Now*) tiene su mérito, pero *folklore* fue el primer álbum de Taylor que contó con orquestación completa, con arreglos

evermore tiene tantas voces
y tantas aportaciones musicales
bajo la superficie que es un pecio
lleno de tesoros.

de Bryce Dessner, hermano de Aaron y compañero de The National. Los arreglos son aún más exuberantes en *evermore*, en el que participaron cuarenta músicos, frente a los veintiuno de *folklore*, quizá porque la gente ya había descubierto cómo usar Zoom a esas alturas de la pandemia. La voz de Justin Vernon añade una profundidad grave y una emoción contenida en su registro más agudo. Está incrustada bajo la de Taylor en «ivy» y en «marjorie», y aparece como dueto en la etérea «evermore». En la canción, Taylor describe la memoria como una especie de cinta pausada, porque no puede avanzar después de un momento de pérdida. Se parece al bonus track «right where you left me», en el que está paralizada en el tiempo en el restaurante donde su amante la dejó, mientras los nacimientos, las bodas y las muertes de otras personas pasan a toda velocidad junto a ella. En el puente de «evermore», las capas de las voces cada vez más urgentes de Taylor y de Justin Vernon representan «toda la maraña de las ansiedades que tienes en la cabeza y que te hablan a la vez».[17] Cada verso de «right where you left me» está atestado de palabras, de modo que apenas puede respirar mientras canta. Estas canciones revisitan los ciclos de reflexión de los que Taylor luchaba por escapar en «Out Of The Woods» de *1989*. Teniendo en cuenta que hace referencia a tener veintitrés años, «right where you left me» podría incluso referirse al mismo periodo. Por fin se da permiso para irse en la versión deluxe del último tema, «it's time to go».

La memoria es el tema primordial de Taylor, y *evermore* está cargado de nostalgia por un pasado real o imaginario: se ve su forma de recorrer terreno ya conoci-

La memoria es el tema
primordial de Taylor,
y *evermore* está cargado
de nostalgia por un pasado
real o imaginario.

do con su ex de su pueblo natal para recordar los viejos tiempos en «'tis the damn season», en la gloria descolorida del parque de atracciones y el centro comercial de Coney Island, y en los sueños que tiene con su ex y su precioso pelo en «gold rush». Taylor echa la vista atrás y lo vuelve a analizar en «happiness», donde comparte una de las emociones más tiernas y generosas que ha expresado jamás. El órgano de una iglesia toca de fondo mientras ella canta como si fuera música para un funeral. Se debate con la amargura que siente al final de una larga relación salpicada de heridas profundas, titubeante, mientras se disculpa e intenta contener su rabia y sus celos. Mira al futuro y a la «nueva» Taylor, no porque la vieja esté muerta, sino porque cree que puede sobrevivir a ese final. En otra época hubo felicidad entre ellos, y ni siquiera el tiempo puede borrar esa verdad. La canción explota el dolor y la incredulidad de un corazón roto, y es muy reconfortante para las personas que encontraron el amor y vivieron para ver cómo se acababa, algo que la propia Taylor ha hecho. El sencillo perdón que les ofrece a sus ex al mandarles regalos para sus bebés en «invisible string» es muy fácil porque tiene a un chico nuevo. Aquí intenta ofrecer el perdón mientras sigue sumida en el dolor de la ruptura y la abruma la inseguridad por ser reemplazada. También se ofrece el perdón a sí misma. Puede que la relación haya terminado, pero, pase lo que pase, ha habido felicidad en este mundo gracias a ella.

Aaron Dessner dijo que añadió toques a lo largo de todo el álbum para crear una «nostalgia invernal»,[18] como las campanillas de un trineo que se intuyen en «ivy». Hay que resaltar que Taylor estuviera empezando el proceso de regrabar su primera «Taylor's Version», *Fearless*, al tiempo que estaba terminando de grabar *evermore*: «Había días en los que grababa una canción como «You Belong With Me» para después ponerme a grabar «happiness».[19] Como dice «it's time to go», a veces los finales son lo que más nos conviene. Al acabar su contrato discográfico, Taylor se descongeló y pudo reclamar su música. Taylor consideraba que *evermore* es un álbum que va de finales: «Con *folklore*, uno de los temas principales del álbum era la resolución de conflictos: intentar averiguar cómo superar algo con alguien [...]. *evermore* trata más de finales de todo tipo, forma y tamaño. De todas las maneras en las que podemos poner fin a una relación, a una amistad, a algo tóxico, y el dolor que eso conlleva».[20] En «champagne problems» se pone fin a un compromiso, mientras que en «happiness» se acaba una relación muy larga. En «no body, no crime (feat. HAIM)» se pone fin a varias vidas. Una de las formas más inteligentes en las que Taylor se enfrenta a la composición es que a menudo busca lo que no está (una de las palabras más usadas en sus letras es «never» [«nunca»]). *evermore*, su álbum sobre finales, es el único que no contiene las palabras «end» o «ending» («fin»). A lo largo de toda su carrera como compositora, ha buscado los finales felices y ha temido los tristes... Recuerda la forma en la que Taylor vive presa del miedo de que termine el amor y se le parta el corazón para siempre en «Cornelia Street». En *evermore* se enfrenta a los finales y hace las paces con ellos.

EVERMORE
Mención especial
«IVY»

En un discurso ante la Nashville Songwriters Association, Taylor explicó que había «establecido en secreto categorías para las letras que escribo según el género. Tres, para ser exactos. Se llaman cariñosamente Quill Lyrics ("letras a pluma"), Fountain Pen Lyrics ("letras a estilográfica") y Glitter Gel Pen Lyrics ("letras a bolígrafo de purpurina")».[21] Las Quill Lyrics son canciones cuya inspiración le vino «después de leer a Charlotte Brontë o ver una peli en la que todos llevan camisas de lino anchas y corsés. Si mis letras parecen una carta escrita por la bisabuela de Emily Dickinson mientras está confeccionando un visillo de encaje, soy yo escribiendo a pluma».[22]

El ejemplo que Taylor da de una canción escrita a pluma es «ivy», un tema que trata de anhelos y tumbas, y que está lleno de referencias a la literatura y a la naturaleza (además de la hiedra y los prados con tréboles, hay un paisaje invernal nevado que se convierte en primavera). El uso de palabras como «incandescent» llevó a los swifties a desarrollar lo que Taylor llamó «una broma privada en plan: el kit de novatos para oír *folklore* y *evermore*. Y es la imagen de un diccionario».[23] Luego están las letras a estilográfica, «historias modernas y personales escritas como poesía sobre esos momentos que recuerdas demasiado bien», y las letras a bolígrafo de purpurina, que «son la

chica borracha de la fiesta que te dice que pareces un ángel en el baño. Es lo que necesitamos de vez en cuando».
Todas las canciones alegres y optimistas de su repertorio
son canciones escritas con bolígrafo de purpurina, desde
«Shake It Off» hasta «Bejeweled». Sería fácil suponer que
las canciones escritas a pluma nunca podrían ser éxitos,
ya que parecen demasiado literarias y floridas. Pero estamos hablando de la persona que escribió una obra satírica
sobre el trato que los medios de comunicación dispensan
a las mujeres que alcanzó ocho veces el disco de platino.
Nunca deberíamos subestimar el poder de Taylor para
coger una emoción rara y convertirla en un bombazo internacional, algo que conseguirá en su siguiente álbum.

Para los amantes del bosque y de los sucesos para-
normales, «ivy» es la máxima expresión de *evermore*. El
banjo le da un toque a bluegrass/americana que oímos
por última vez en «Mean» (*Speak Now*). La canción «Carolina», compuesta por Taylor para la película *La chica sal-*

Nunca deberíamos subestimar
el poder de Taylor para coger
una emoción rara y convertirla
en un bombazo internacional, algo
que conseguirá en su siguiente álbum.

vaje, ambientada en Carolina del Norte, también usa este sonido para conjurar una imagen de bosques y pantanos misteriosos. Este género inspira a Taylor a cantar de verdad. Su voz en «Carolina» es excepcional, con lustrosos graves y un uso sutil de la técnica del bluegrass de alcanzar una nota alta de una nota a otra, como un yodel muy corto.[24] En «ivy», Taylor hace un *run* poco habitual —incluso para ella—, que es una compleja sucesión de notas englobadas en una única sílaba al principio del estribillo. Taylor ha sido siempre fan del americana, un estilo a caballo entre el country, el bluegrasss y el rock alternativo, como demuestra su colaboración con The Civil Wars en la canción «Safe & Sound (feat. The Civil Wars)» de 2012, que sirvió de banda sonora a una película ambientada en una versión distópica de una comunidad minera estadounidense de clase trabajadora, *Los juegos del hambre*. En la portada del single, Taylor lleva un diáfano vestido de gasa de color hueso, al estilo de los años treinta, que combina el aspecto de los vestidos desteñidos de algodón de la época de la Depresión (como los que llevan Katniss y las demás chicas del Distrito 12 en la película) con un toque gótico y fantasmagórico.

Además de incluir una referencia a las manos congeladas, como la fantasmal «mano helada» del principio de *Cumbres borrascosas* de Emily Brontë, y una cita de un poema titulado «Compassion» del poeta estadounidense Miller Williams, Taylor mencionó a Emily Dickinson. Emily, una de las poetisas estadounidenses más famosas en la actualidad, vivió recluida, pero escribió en silencio asombrosos y apasionados poemas, conocidos por utilizar la métrica de himno, un ritmo arraigado en la música folk, y con guiones por doquier:

> *Esta es la Hora del Plomo –*
> *Recordada si se sobrevive,*
> *Como las Personas congeladas recuerdan la Nieve –*
> *Primero – Escalofríos – después Entumecimiento*
> [– *luego el dejarse ir* –[25]

La historia de «ivy», con su anhelo por el amante secreto del que habla, inspiró a los fans a relacionarla con la vida de Emily. A lo largo de décadas, escribió poemas de amor dirigidos a su cuñada Susan Gilbert, entre ellos «Tengo una hermana en nuestra casa –» (1858), que termina con la estrofa: *«Elegí esta solitaria estrella / De entre las numerosas que ofrece la noche –/ Sue – ¡eternamente!»*. Taylor ya había empleado la palabra «forevermore» («eternamente») en la nada paranormal ni dickinsoniana «Welcome To New York» (*1989*) y en «New Year's Day» (*reputation*), que menciona la purpurina y las Polaroid (todo lo contrario a lo dickinsoniano). Para quienes adoran la conexión entre las historias de Emily Dickinson y el tema «ivy», el vínculo se cimentó cuando se usó la canción como banda sonora de la escena de amor entre una Emily y una Susan de ficción en la serie *Dickinson*, de 2021.

10

Las estrellas se alinean

MIDNIGHTS

*L*as lecciones que Taylor aprendió escribiendo *folklore* y *evermore*, como persona, como famosa y como creadora de canciones, convergieron en *Midnights*. Su forma de componer, profundamente personal, era una de las señas de identidad de su arte y le había reportado un éxito increíble, pero también la había dejado al descubierto. Ese nivel de éxito no solo significaba amor por sus canciones, sino que generaba un interés salaz por todo, desde los restaurantes en los que cenaba hasta, por supuesto, a quién podía estar honrando con su tiempo. La fama, que empezó como una forma divertida y juguetona de promocionar su música y de conectar con los fans, se convirtió en un monstruo que se escapaba a su control. El intenso escrutinio de cada una de sus palabras y acciones acabó siendo agotador: «Llegó un punto en el que, como autora que solo escribía canciones muy de diario personal, sentí que era insostenible para mi futuro [...]. En mis días malos me sentía como si estuviera cargando un cañón de *clickbaits*».[1] Taylor tendrá que participar en el juego de los famosos durante el resto de su carrera, sabiendo que cualquier persona con quien se la vea en público acabará añadiéndose a la lista de los novios que ha tenido. Pero en vez de volverse más ermitaña, se ha vuelto más relajada y ha aprendido a disfrutar de nuevo de ser el centro de atención. En la entrevista que concedió a la revista *Time*, cuando la nombraron Persona del Año en 2023, dijo: «Sí, si salgo a cenar, se montará el caos fuera del restaurante. Pero sigo queriendo salir a cenar con mis amigos. La vida es corta. Hay que vivir aventuras. Si me encierro en mi casa durante un montón de años, nunca recuperaré ese tiempo. Ahora soy más confiada que hace seis años».[2]

Nadie podría acusarla de ser calculadora con el caos relajado y placentero que rodea a *Midnights*. Taylor lo definió como «un álbum salvaje» que hizo con su colega Jack Antonoff. En el pasado, ya había descrito el trabajo con Jack como «dejarse llevar libremente por los impulsos, dejarse llevar por la intuición y por la emoción, y por los cafés con leche de avena».[3] La lista de canciones del nuevo álbum se anunció en una serie de vídeos que Taylor tituló «Midnights Mayhem With Me», en los que fingía contestar a un teléfono antiguo y sacaba bolas de bingo de una jaula, cada una con el título de una canción. En algunos de los vídeos, sostenía el teléfono boca abajo..., ¿qué significaba? A veces agarraba el teléfono con la mano izquierda, a veces con la derecha..., ¿¡qué significaba!?[4] A las tres de la madrugada, después del lanzamiento de *Midnights*, se lanzaron unas cuantas canciones extra, que Taylor describió como una «sorpresa especial muy caótica».[5]

El inesperado éxito de *folklore* y de *evermore*, vulnerables sin ser reveladores, le mostró a Taylor un camino a seguir para escribir canciones que fueran personales sin que su vida quedara señalada con una gran flecha de neón que pudieran seguir los medios de comunicación (por supuesto, los fans sí que saben cómo unir los puntos). Taylor adoptó un nuevo enfoque para escribir *Midnights*, menos entradas de diario y más escritura creativa: «Es un álbum conceptual y la pregunta principal es: "¿Qué te roba el sueño por la noche?". Puede deberse a que acabas de conocer a alguien y estás alucinando porque te gusta mucho o a que estás tramando una venganza [...]. Si lo ves como un estímulo para la escritura creativa, que es lo que hice yo, de ahí surgió el álbum».[6] Taylor completó la tarea de crear un álbum conceptual como una estudiante de sobresaliente, mencionando la medianoche en cuatro de las 13 pistas del álbum principal y ciñéndose a los elementos que nos quitan el sueño a todos: recuerdos del pasado; preocupación por lo que la gente piensa de ti; conspiraciones. Las canciones también suenan como si estuvieran unidas, algo que no es sorprendente, dado que las ha hecho el mismo productor, Jack Antonoff, con la ayuda extra de Jahaan Sweet, Sounwave (que también colaboró con Taylor en «London Boy», de *Lover*) y Aaron Dessner en un pequeño número de temas.[7] Jack es un colaborador muy importante para Taylor, no solo porque le proporcionó amistad y un entorno de trabajo cómodo, sino porque creó un sonido que puso en primer plano su forma de componer canciones, empezando por «Out Of The Woods». Produjo gran parte de su álbum de 2019,

Taylor examina lo que alimenta su insomnio en cada uno de los temas de *Midnights*: la venganza, la autocrítica, los «y si...» de las relaciones pasadas y la planificación de formas inteligentes y retorcidas de mantener en vilo a los fans.

Lover, con la ayuda de Joel Little, el hombre casi siempre silencioso al que ves en el estudio escuchando y asintiendo junto a Taylor en *Miss Americana*.

Taylor examina lo que alimenta su insomnio en cada uno de los temas de *Midnights*: la venganza, la autocrítica, los «y si...» de las relaciones pasadas y la planificación de formas inteligentes y retorcidas de mantener en vilo a los fans. Una de las primeras cosas que hicieron los fans fue repasar cada canción, relacionándola con momentos pasados de su vida y de su música, para ver qué era inspiró cada noche de insomnio. Taylor suele estar despierta a medianoche, ya lo vimos en una canción tan temprana como «Our Song», de *Taylor Swift*, en la que hablaba por teléfono a altas horas de la noche con su novio. Sin embargo, solo menciona «midnight», la medianoche, directamente en 13 ocasiones en sus nueve primeros álbumes. Estas 13 canciones forman una playlist de Taylor Swift muy divertida y representativa:

- «You Belong With Me» (*Fearless*): en el puente, el chico conduce hasta la casa de Taylor a medianoche, momento en el que ella se deja de juegos y le dice abiertamente que debería estar con ella, no con la chica morena del vídeo.
- «Untouchable» (*Fearless*): una canción única en la discografía de Taylor: una versión. Aunque la canción fue escrita e interpretada originalmente por el grupo Luna Halo, Taylor cambió la melodía y la letra lo bastante como para aparecer como coautora en los créditos. La medianoche en «Untouchable» es para soñar con el amor.

- «22» (*Red*): es la primera canción fiestera de Taylor y en ella desayuna a medianoche. ¡Arrasando!
- «All Too Well» (*Red*): la medianoche es para bailar en la cocina.
- «Nothing New (feat. Phoebe Bridgers) (Taylor's Version) (From The Vault)» [*Red (Taylor's Version)*]: este dúo con la también cantautora Phoebe Bridgers describe el miedo que las despierta a medianoche, que llegue alguien nuevo a la escena musical que las reemplace.
- «Better Man» [*Red (Taylor's Version)*]: los recuerdos del amor perdido vuelven a medianoche. «Better Man», que es sencillamente genial, se escribió para *Red*, pero al final se cedió al grupo country Little Big Town. Taylor dice: «Estaba entre "All Too Well" y "Better Man" (en *Red*) y dejé fuera "Better Man". Años después, Little Big Town acabó grabando esa canción, que llegó al número uno y se llevó el galardón a canción del año en los Country Music Awards».[8, 9]
- «Style» (*1989*): una medianoche sensual.
- «You Are In Love» (*1989*): en esta canción, vuelven a aparecer elementos propios del desayuno tomándose a medianoche. El café en este caso. El amor de sus sueños se despierta por la noche para decirle a Taylor que es su mejor amiga. Los pequeños detalles incluidos en la letra, desde los botones del abrigo hasta una foto de Taylor en el escritorio de su amado, pasando por la bola de nieve que representa su burbuja de amor perfecta,

conectan con canciones de *Midnights* como «Sweet Nothing» y «Lavender Haze».

- «...Ready For It?» (*reputation*): segunda ronda de medianoche sensual. El tema que abre el álbum con el mejor carraspeo de la historia. Las referencias a los juegos son muy «Mastermind».
- «New Year's Day» (*reputation*): en el cierre de *reputation*, la medianoche es un símbolo de compromiso, ya que Taylor quiere todas las medianoches de su amado.
- «Daylight» (*Lover*): Taylor dice que ya no quiere que la definan esos pensamientos que la atormentan a medianoche. Pero sigue teniendo pensamientos a medianoche y escribe un gran álbum sobre ellos.
- «the last great american dynasty» (*folklore*): un brillante uso de la medianoche como el lugar en el que las mujeres «no deben estar». Los vecinos esnobs de Rebekah Harkness en Rhode Island cotillean que la han visto fuera de su casa, mirando al mar a medianoche.
- «happiness» (*evermore*): los recuerdos de una larga relación que terminó, incluido un vestido que llevó una vez a medianoche. Hay muchos vestidos en su discografía anterior, pero nunca uno que haya usado específicamente a medianoche. Desde el vestido de fiesta que representa su humillante vigésimo primer cumpleaños en «The Moment I Knew» [*Red* (*Taylor's Version*)] hasta el vestido comprado solo para quitárselo en «Dress» (*reputation*), son un símbolo importante en su obra.

Si enumerásemos las veces que Taylor ha estado despierta más tarde de la medianoche, estaríamos aquí todo el día. No duerme; por eso escribe y graba tanta música. La versión «3 a.m.» de *Midnights*, que añadía siete temas más, salió a la venta solo tres horas después del álbum principal y nos lleva a preguntarnos por qué ciertas canciones están en el principal y otras habitan la edición deluxe, aparte de que Taylor quiera publicar un álbum con 13 canciones. Elegir un repertorio concreto de canciones, ahora que sabemos que muchas de ellas acaban en la cámara acorazada («the Vault»), es complicado. Mientras elegía los temas que conformarían *Red*, Taylor dijo: «Quería que cada emoción del álbum ocupara un espacio... Da igual por lo que estés pasando, si necesitas una canción, puedes encontrarla en algún lugar del álbum».[10] Puede que la estrategia sea distinta de uno a otro, pero la variedad de canciones optimistas y tristonas de cada álbum demuestra definitivamente que Taylor valora las canciones para distintos estados de ánimo e incluso para distintos tipos de fans. Limitar el álbum a 13 temas en la era del *streaming* podría interpretarse como un apego emocional al formato clásico del álbum o estar relacionado con las ediciones físicas, cuya popularidad ha resurgido a medida que los fans coleccionan discos de vinilo y CD. Ambos formatos tienen un límite de minutos de música que pueden contener. Hoy en día, podemos jugar a ser Taylor tomando estas decisiones. Durante la era *folklore* se convirtió en una práctica habitual que los fans crearan sus propias playlists combinando canciones de todos los álbumes hermanos que se ajustaban a sus gustos. La duración de *Midnights* permitía hacer lo mismo, lo que significaba que los fans podían, por ejemplo, sustituir «Snow On The Beach (feat. Lana Del Rey)» por, digamos, «Would've, Could've, Should've».

Para ser una persona tan alegre y efervescente, Taylor parece vivir en la oscuridad en sus canciones. Cuando pensamos en la oscuridad nocturna en la música pop, solemos visualizar algún club. Pero Taylor la usa para pasearse de un lado a otro o para mirar por la ventana. Las cosas preciosas brillan en la oscuridad, desde el rostro de su amado en «Last Kiss» hasta el amor mismo en «This Love» y en «ivy». El potencial para el romanticismo es alto al amparo de la penumbra. Además de salir a escondidas por la noche en las primeras fases de las relaciones, como en «Cruel Summer», la oscuridad crea intimidad y privacidad. En «You Are in Love», el chico del que está enamorada la mira con disimulo en una habitación oscura. Es satisfactorio ver detalles de esta canción sobre el amor con el que Taylor sueña en canciones sacadas de su vida, así que cuando alguien le toca la mano en una habitación oscura en la burbujeante «Gorgeous», ¡tenemos que aplaudir! Pero la oscuridad de Taylor también es más emocionante y transgresora, como Rebekah Harkness vagando por los acantilados en «the last great american dynasty» o la protagonista de «cowboy like me» esperando en la penumbra a su próxima conquista. En cuanto a la música, hay oscuridad en los entresijos de *Midnights*. Taylor siempre ha procurado que las progresiones de sus acordes no sean demasiado extrañas ni creen disonancias (sonidos que chocan entre sí). Cuando Imogen Heap sugirió «una progresión de acordes un tanto "rara"» mientras escribían juntas «Clean», «[Taylor] dijo claramente "creo que esto no va a gustar nada"».[11] Pero a la hora de componer «Vigilante Shit», Taylor utilizó el intervalo musical conocido como tritono, o «intervalo del diablo», que da un sonido enervante a la música.[12] No había recurrido a este truco musical tan espeluznante desde que se enfadó con todo el mundo en «Look What You Made Me Do» (*reputation*). «Vigilante Shit» debe de referirse a alguien que no le cae nada bien.

Hay otro tipo de oscuridad que equilibra la alegría de Taylor: los problemas de salud mental. Está insinuada en los días grises de «evermore», pero habla abiertamente de ella en «Anti-Hero». Sufre depresión, como muchos de nosotros. Triunfar en las listas de éxitos no es lo más importante cuando se trata de música, pero «Anti-Hero» es un triunfo porque es apta para la radio y divertida de cantar, a la vez que rara de cojones. Intenta explicarles a tus padres una canción que combina las palabras «sexy» y «baby». Taylor tiene un verdadero don para escribir canciones que suenan como «el ritmo pop» que a sus detractores les encanta criticar, pero que en realidad son superinteligentes. Piensa en «Blank Space» o en «Shake It Off» y en que en realidad son sátiras de los medios de comunicación con estribillos pegadizos.

Aunque Taylor es tan estadounidense como la tarta de manzana, es popular en todo el mundo porque su música llega a personas con todo tipo de cultura musical. A veces, tanto el marketing como la música impactan de forma diferente dependiendo de si la escuchas en Estados Unidos, en Europa o en Asia. Una pregunta rápida para los británicos: ¿qué canciones de Taylor han sido número uno en el Reino Unido? No. No, esa tampoco. La respuesta es «Look What You Made Me Do», «Is It Over Now?» y «Anti-Hero».[13,14] Hizo falta toda la narrativa que rodeó su regreso con *reputation* para que Taylor alcanzara el número uno en el Reino Unido. Taylor también ha creado fanbases en países de habla no inglesa donde hay un pop nacional fuerte con el que competir, como Japón y China (los fans chinos llaman a Taylor «Meimei», que significa «desafortunada», porque le costó superar a Adele y a otros artistas en la lista de éxitos en inglés; los swifties chinos son meimeis).[15] Taylor es la única estadounidense en la lista IFPI de los diez artistas mundiales más vendidos (aunque hay dos canadienses, Drake y The Weeknd).[16] Se la ha alabado y ridiculizado por atraer a muchas mujeres jóvenes, pero este tipo de éxito mundial solo se consigue haciendo música que pueda gustar a personas de una gran variedad de identidades y orígenes. Esa es su verdadera genialidad. La canción que escuchas a través de tus auriculares y que llega a ser tan personal también puede tocarle la fibra sensible a un oyente al otro lado del mundo, que no ha visitado Nueva York en su vida y que no tiene ni idea de lo que es una puerta mosquitera.

Taylor era obviamente famosísima y tenía mucho éxito en sus eras anteriores, pero *Midnights* fue una revolución. En enero de 2022, su promedio de reproducciones diarias en Spotify rondaba los treinta millones. Por fin había superado a los pesos pesados del *streaming*, Drake y Bad

Bunny, aunque se pasó todo el año jugando al gato y al ratón para ver quién sería el artista más popular del día o del mes. Tuvo que esperar hasta 2023 para coronarse como la más escuchada de Spotify. En enero de 2024, Taylor tenía una media de ochenta millones de reproducciones al día. En dos años, había aumentado sus escuchas diarias en cincuenta millones, solo en una plataforma. Todavía estaba a mitad de The Eras Tour, que ha acaparado toda la atención mundial. Además de todo este éxito en *streaming*, Taylor sigue vendiendo cientos de miles de discos físicos. A los swifties les encanta coleccionar vinilos.

Si en 2024 buscas en Google cosas relacionadas con Taylor, como «aquella sesión de fotos de Taylor Swift»,[17] el motor de búsqueda te sugerirá la pregunta: «¿Por qué Taylor Swift es tan popular de repente?». ¿Por qué? El ala más tradicional de los medios de comunicación por fin se dio cuenta de que Taylor era algo más que una estrella del pop; empezaron a aparecer artículos sobre sus logros en todas partes, desde *The Atlantic* hasta el *Financial Times*. También se esforzaba por ser una bola de discoteca, utilizando su fama para promocionar la música en todos los ámbitos posibles. Su imagen se volvió bastante más glamurosa en torno al lanzamiento de *Midnights*. Para asistir a una fiesta de la discográfica, se puso un vestido azul oscuro con pedrería en el corpiño y una chaqueta de pelo blanco sintético, además de unas sandalias plateadas de plataforma también con pedrería. Fue el final de las camisas de franela de *evermore*. Pero *Midnights* no es una rutilante pulsera de claros diamantes, como un segundo *1989*. Se parece más a las piedras de luna («moonstones») a las que hace referencia en «Bejeweled», resplandecientes pero opacas. Aunque «Anti-Hero» y «Karma» son pegadizas, no hay voces estridentes alzándose sobre un ritmo repetitivo, como en un álbum pop maximalista de hace diez años. Este álbum es un paisaje sonoro en capas, y los momentos que llaman la atención proceden más de lo que dice Taylor que de un molesto clic de bolígrafo o de un dramático drop. Los críticos se quejaron de que el álbum no abría nuevos caminos sonoros, una postura curiosa dado que la música de Taylor siempre se ha apartado del sonido actual del pop para permitir que su forma de componer fuera la historia principal. El sonido que Taylor eligió en 2022 era más lo-fi. *Midnights* es probablemente el primer álbum de Taylor que podrías ponerte de fondo para estudiar.

Esto también se extiende a su forma de retratar el amor y la vida. En otra época describía los detalles más insignificantes de la persona a la que amaba, desde el color de sus ojos hasta sus «organic shoes» («zapatos de materiales naturales»). Aunque es evidente que las musas inspiran distintos tipos de arte —Taylor dijo: «Nunca he echado de menos a dos personas de la misma manera, siempre es diferente»[18]—, en *Midnights* se percibe que el amor se está convirtiendo en parte de su universo, en vez de ser el sol alrededor del cual orbita. Era una progresión natural para una treintañera que mantenía una relación a largo plazo. Taylor escribió muchas canciones sobre el «angel boyfriend» («novio ángel») que encontró en sus momentos más oscuros,[19] desde la romantiquísima «Cornelia Street» hasta las muy subidas de tono (para Taylor, al menos) «Dress» y «False God». Su color de ojos quedó documentado en «Gorgeous» (*reputation*), y oímos hablar de su afición al rugby en «London Boy» (*Lover*), una canción que suscitó un debate entre los fans del Reino Unido sobre dónde podría haber pasado Taylor una noche de fiesta en Brixton, al sur de Londres. Pero a lo largo de cinco álbumes, la pareja de Taylor se vuelve cada vez más abstracta: «dazzling» («deslumbrante») y «magnetic» («magnético») en «Lover», un reluciente «comet» («cometa») en «Long Story Short» y por último «Sweet Nothing» («dulce nada»). Este misterioso espectáculo de luces continúa en las imágenes cósmicas de *Midnights*. Después de haber estado anclada en la realidad durante tanto tiempo, escribir *evermore* parece haber desatado el lado místico de Taylor. Quién sabe de qué color son los ojos del hombre al que ama en «Snow On The Beach», pero parecen platillos volantes. Las coordenadas del signo del zodíaco de Taylor (sagitario, caracterizados por su dificultad para olvidar) aparecen en los vídeos de «Lavender Haze» y «Karma». En «Mastermind» habla de estrellas, planetas y destinos que se alinean. Y al hilo de «mastermind» («genio», un adjetivo que se le puede aplicar a Taylor), la frase inicial de «Forever & Always» y de «I Knew You Were Trouble» hace una tercera aparición aquí, recordándonos que todo lo que escribe Taylor es su propia historia, que empieza con «Once upon a time» («Érase una vez»).

Aaron Dessner comentó cuando estaban componiendo *evermore* que Taylor «escribe muchas canciones, y luego, al final, a veces escribe una o dos más, y a menudo son importantes».[20] Aunque Taylor quería elaborar un álbum conceptual de 13 canciones en *Midnights*, tiró un poco de pintura a la pared con la versión «3 a.m.». Por sí solo es un álbum completo e increíble. Tenemos su canción más corta, «Glitch», en la que nuestra maravillosa y esforzada Taylor por fin parece despreocupada por una relación sentimental. «The Great War» añade violetas, amapolas e ipomeas a las flores que Taylor ha mencionado en sus canciones. Hay una canción que destaca muchísimo: la dolida «Would've, Could've, Should've». Al igual que «You're On Your Own, Kid», que revisa un romance pasado con la mirada furiosa de una mujer adulta, explora cómo una adolescente puede sentirse atraída por una relación con un hombre mayor aunque la perjudique. Los recuerdos que Taylor revisitó en *Midnights*, al regrabar sus álbumes y al organizar The Eras Tour, han descubierto una «tumba» llena de fantasmas que salen a acosarla en «Would've, Could've, Should've». Con un ritmo frenético y una voz agonizante, es un retrato del arrepentimiento y el dolor que, de nuevo, examina el espacio negativo en torno a un sentimiento. Taylor se pregunta quién sería si él no la hubiera mirado, si hubiera seguido su camino. La vida habría sido menos terrible y menos maravillosa al mismo tiempo. Tal y como escribió en «happiness», ya no puede asignarle la simple condición de villana a la gente que le hizo daño. La canción analiza la misma realidad triste que «All Too Well»; las relaciones pueden quitarte una parte de ti con la misma facilidad con la que pueden añadirle algo a tu vida. En resumen, que Taylor echa de menos la persona que era antes. Ese hombre le arrebató una identidad superswiftiana. En el puente, hay un verso sobre querer recuperar su adolescencia, porque primero le perteneció a ella. Es sobrecogedor oír que ha perdido, o que le han arrebatado, la adolescencia sobre la que escribió con tanta ternura y sana esperanza en sus tres primeros álbumes, el lugar donde estaba segura y era libre para soñar despierta. El único consuelo es que, tal como ella misma dijo en su discurso a la promoción de 2022 de la Universidad de Nueva York, «perder cosas no significa solo perder. Muchas veces, cuando perdemos cosas, también ganamos otras».[21] Sus canciones más tristes suelen ser las que los demás encuentran más significativas y reconfortantes, y están entre sus mejores trabajos.

«Would've, Could've, Should've» supone un nuevo nivel de composición para Taylor. Al mismo tiempo, la bulliciosa «Hits Different», sobre beber para olvidar las penas, demuestra que sigue teniendo canciones pop a raudales. La carrera madura de Taylor no se define por buscar la relevancia en las listas ni por sucumbir a las inevitables heridas de una vida bien vivida. Habrá sol y lluvia a medianoche. El amplio abanico del talento de Taylor hace que sea imposible adivinar cuál será su próximo destino, por más interpretaciones que demos a sus letras o por mucho que busquemos sus mensajes ocultos. Por suerte, llegados a este punto, podemos relajarnos. Solo Taylor sabe cómo se alinearán las estrellas, los planetas y los destinos del Taylor-verso. Nosotros solo tenemos que seguirla.

El amplio abanico del talento de
Taylor hace que sea imposible
adivinar cuál será su próximo destino,
por más interpretaciones que
demos a sus letras o por mucho que
busquemos sus mensajes ocultos.

Sesiones de Melena Rubia

Taylor se identifica tanto con su pelo rubio que los fans a menudo la llaman simplemente «Blondie» («Rubia»).

2006

Taylor utiliza su melena larga y rizada tan habitual en la música country para acentuar su presencia en el escenario, haciendo espectaculares movimientos con ella. Con los años, su pelo ya no es una voluminosa nube de rizos naturales. En una lista de treinta cosas que había aprendido a los treinta años, Taylor dijo: «He tenido el pelo rizado desde que nací, y ahora es LISO. Es el pelo liso que deseaba todos los días cuando estaba en el instituto. Pero justo cuando empezaba a amar mis rizos, van y me abandonan».[22]

2009

El pelo rubio desaparece un par de veces cuando Taylor se pone una peluca oscura lisa para aparecer en un episodio de *CSI: Las Vegas* y para interpretar a la rival amorosa en el vídeo «You Belong With Me». En esa época es habitual que lleve accesorios en el pelo, como diademas y mariposas.

2010

Una gran noticia: Taylor se alisa el pelo y se corta el flequillo para asistir a la gala de los American Music Awards.

2012

Taylor perfecciona su rubio: ni demasiado platino, ni demasiado dorado, un perfecto rubio oscuro ceniza. Lleva un flequillo espeso en la era *Red* y suele peinarse con ondas sueltas.

MÁS AVANZADO EL 2012

En el vídeo «I Knew Your Were Trouble» adopta brevemente un look más inspirado en el emo, con textura alborotada en el pelo y las puntas rosas.

2014

El glamour de Hollywood se convierte en una importante inspiración para los peinados que llevará en la alfombra roja, por ejemplo las fastuosas ondas que luce en la Gala del Met de 2014.

2015

En el vídeo de «Bad Blood», lleva una peluca pelirroja como su *alter ego* obsesionada con la venganza.

MÁS AVANZADO EL 2015

Cada vez lleva el pelo más corto. Aparece en la gala de los Billboard Music Awards con un peinado ondulado que no le llega a los hombros.

2016

Aparece en la gala de los Grammy en febrero con una afilada melena corta y flequillo. En abril se decolora el pelo a un rubio platino para ir a Coachella. Titula una foto de Instagram «Bleachella», que se convierte en el nombre oficial de esta nueva imagen, que aparece en la portada de *Vogue* y con la que va a la Gala del Met, combinándola con un vestido plateado y negro, y un pintalabios oscuro. Su cabello rubio platino se menciona en «Dress» (*reputation*) como su color de pelo cuando conoce al hombre del que se enamora, que lleva un corte rapado.

2017

Taylor aparece en la portada de *reputation* con el pelo un poco mojado. El tono rubio es más cálido y oscuro.

2019

Para el lanzamiento de *Lover* se tiñe el cabello de rosa y se aclara el tono rubio. Asiste a los eventos con peinados románticos, incluido un recogido trenzado.

2020

Los fans ven la textura natural del pelo adulto de Taylor, ligeramente ondulado, cuando se ve obligada a peinarse ella misma debido a la pandemia de covid-19. El recogido de *folklore*, el que lleva en el vídeo de «cardigan», se convierte al instante en uno de sus peinados más reconocibles.

MÁS AVANZADO EL 2020

La portada de *evermore* muestra a Taylor de espaldas con el pelo recogido en una larga trenza.

2021

Taylor aparece en el vídeo que ella misma dirigió para «All Too Well (10 Minute Version) (Taylor's Version) (From The Vault)» con una peluca pelirroja a juego con el pelo natural de la actriz que la interpreta en el vídeo, Sadie Sink.

MÁS AVANZADO EL 2021

Taylor lleva el pelo muy largo, a menudo con un flequillo peinado hacia un lado. Adopta su textura ondulada natural para el día a día y para los eventos suele llevarlo peinado hacia un lado, al estilo de Hollywood.

Sesiones de
Melena Rubia

Mención especial

«YOU'RE ON YOUR OWN, KID»

Taylor describió todo *Midnights* como un «collage»,[23] y esta canción es como tres minutos y catorce segundos de fragmentos cortados y pegados de la vida de Taylor. «You're On Your Own, Kid» ofrece una visión alternativa de las cosas por las que hemos visto pasar a Taylor, tanto en la música como en público. Sus primeros flechazos inocentes, de los que oímos hablar en *Taylor Swift*, quedan retratados aquí como chicos que prefieren fumar a aparecer en la fiesta, dejándola plantada sin otra cosa que hacer que mirar a otras que ella cree que tienen mejores cuerpos («better bodies», dice la letra) que ella. En este punto todavía es la chica buena de «Sad Beautiful Tragic» que dice que esperará y esperará. Es el comienzo de una dolorosa serie de momentos de madurez y deducciones que terminan con un cliffhanger.

A medida que Taylor crece en la canción, ya no espera en las fiestas del instituto, sino que las organiza. Pero sus problemas siguen siendo difíciles. Tener el mejor cuerpo es ahora fundamental para su carrera. Esto culmina en el verso más descarnado que ha escrito hasta ahora, sobre morirse de hambre. El escrutinio público, la presión, la obligaron a mantenerse muy delgada: «La primera vez que salí en la portada de una revista tenía dieciocho años, y el titular era algo así como "¿Embarazada a los dieciocho?"».[24] En *Miss*

Americana, habló del efecto que esto tuvo en ella y que la llevó a «dejar de comer, simple y llanamente». En el siguiente verso de «You're On Your Own, Kid» dice que pensó que el beso de amor verdadero podría salvarla. Resumió el engaño con el que la sociedad motiva a las mujeres en dos líneas: si logras estar lo bastante delgada, encontrarás el amor, y si encuentras el amor, tu vida estará solucionada. Tal vez lo creyera cuando le pidió a Romeo que la salvara en «Love Story», pero de un tiempo a esta parte ella ha sido su propia heroína, o quizá su antiheroína. Además de la persona que fue, también hay un recuerdo de la compositora que era, anidado en la melodía: un T-drop perfecto.

«You're On Your Own, Kid» reescribe las historias de amor que Taylor siempre ha contado y nos enseña lo que antes quedaba fuera del escenario de esas narraciones: su carrera y la búsqueda de sí misma. A medida que se apropia públicamente de su lado «empresarial», añade sus decisiones profesionales a las canciones porque está orgullosa de ellas, incluso cuando las decisiones fueron difíciles. Un chico de «You're On Your Own, Kid» podría haberla convencido de que se quedara en su pueblo natal. ¿Quizá, por verdadero amor, debería haberse quedado? (No). Taylor ha descrito el amor como bueno, malo, difícil, real, despiadado, valiente y salvaje. No hay duda de que es la laureada de las canciones de amor. Pero aunque encuentra en él una inspiración inagotable, eso no significa que la obsesione hasta excluir todo lo demás. Ya durante el lanzamiento de *1989*, Taylor tenía una visión positiva de la vida sin pareja y, yendo más lejos, incluso abrazaba la soledad que ha definido su carrera y su persona desde sus días de adolescente excluida que solo quería conectar hasta el aislamiento de ser la bola de discoteca con sus espejitos más preeminente del mundo. En 2014 ofreció a *Rolling Stone* esta increíble imagen: «¿Has oído hablar de la ballena más solitaria del mundo? [...] Su canto es distinto del de las demás. No tiene a nadie con quien nadar. Y a todo el mundo le da pena, pero ¿y si esa ballena se lo está pasando muy bien? Porque tampoco es tan malo no estar perdidamente enamorada de alguien. No es una tragedia».[25] Cuando cumplió los treinta, declaró en la revista *Elle* que ya no iba a permitir que las opiniones externas influyeran en su forma de vivir la vida y de llevar sus relaciones: «Para una buscadora de aprobación como yo, fue una lección importante aprender a construir mi PROPIO sistema de valores sobre lo que de verdad quiero».[26] «Lavender Haze» deja claro que disfrutará del amor sin presiones y que actuará como un ama de casa de los años cincuenta porque le apetece. Punto. Eso podría significar mantener una relación mientras realiza una gira épica que la mantenga alejada de su hogar durante meses. Significa elegir a sus propias parejas y llevar sus relaciones de la mejor manera para ambos, no para los periodistas que escriben los titulares, ni siquiera para los fans. Taylor también aprecia otros tipos amor. *Midnights* está repleta de referencias a la amistad, pero «You're On Your Own, Kid» tiene una letra especial que ha adquirido un significado aún mayor.

En su sabio y generoso discurso de graduación en la Universidad de Nueva York, que pronunció cinco meses antes de que se publicara *Midnights*, Taylor dijo:

La experiencia me ha enseñado que los errores acaban llevando a las mejores cosas que me han pasado en la vida. Avergonzarse cuando uno mete la pata forma parte de la experiencia humana. Volver a levantarse, sacudirse el polvo de la ropa y ver quién quiere salir contigo después y reírse de lo sucedido... es un regalo. Las veces que me dijeron que no, que no me incluyeron, que no me eligieron, que no gané, que no pasé el corte..., al mirarlas en retrospectiva, creo que fueron tan importantes, o incluso más cruciales, que las veces que me dijeron «sí».[27]

Esta es la Taylor capaz de escribir el puente de «You're On Your Own, Kid», en el que nos habla del sentimiento de pérdida y de cortar las relaciones de raíz. Ha aprendido de estas experiencias y ahora quiere vivir el momento, no solo el pasado. Y sugiere una forma de sentir y de disfrutar al máximo el instante presente: hacer «pulseras de la amistad», una imagen llena de la alegría de la infancia, del amor por tus amigas y de la típica seriedad de Taylor. Si quieres a tu amiga, ¡haz pulseras a juego que cimenten vuestro amor para siempre! También puedes enviarle galletas o un regalo para su bebé recién nacido, como hace Taylor.

Aunque los fans llevaban años regalándole a Taylor pulseras de la amistad en los *meet-and-greets* y en las sesiones secretas, la letra de esta canción convirtió la costumbre en un fenómeno cultural. Los fans empezaron a hacer montones de pulseras para llevarlas a los conciertos de la gira, y así intercambiarlas con otros y tener un recuerdo duradero tanto de la actuación de Taylor como de la experiencia común de ser un swiftie. El detalle más perfecto de esta práctica es que la gente inmortaliza sus letras favoritas y los momentos de Taylor en sus pulseras, que se convierten así en un museo viviente siempre cambiante, dedicado a la obra de Taylor y al entusiasmo de los swifties. Los títulos largos tienen que convertirse en acrónimos, lo que aporta una especie de juego a la hora de averiguar qué intenta intercambiar contigo esa simpática chica de la fila F: ¿qué significa ATW10MVTVFTV?[28]

Taylor se entusiasma con la amistad, incluida su relación con los fans, porque no siempre le resultó fácil hacer amigos. En «Mastermind», achaca su constante planificación a una infancia en la que los demás niños no querían jugar con ella. El instituto tampoco fue una época fácil: «Incluso de adulta, sigo teniendo recuerdos recurrentes de cuando me sentaba sola en la mesa del comedor».[29] Pero después de entablar amistad con un «grupo de chi-

Taylor se entusiasma con la amistad, incluida su relación con los fans, porque no siempre le resultó fácil hacer amigos.

cas» famosas durante la era *1989*, se dio cuenta de que tal vez estaba sobrecompensando: «Es posible que otras personas sigan sintiéndose como yo cuando me sentía tan sola. Es importante abordar nuestros antiguos problemas antes de convertirnos en una personificación de estos».[30] Hoy en día su imagen es la de alguien a quien invitarías a tu fiesta y no importaría el aspecto de nadie ni quién es famoso y quién no. Podrías recordar tus errores pasados, incluso Bleachella,[31] y reírte de ellos, y ella tendría una copa enorme de vino blanco con cubitos de hielo, su bebida preferida.[32]

Jack Antonoff dijo que Taylor escribió «You're On Your Own, Kid» delante de él en el estudio. La grabaron y se acabó. No trabajaron la canción para encajarla en una estructura clásica con un estribillo final ni le dieron un final feliz al estilo de «Love Story». En «You're On Your Own, Kid», Taylor encuentra la perspectiva de su vida, pero no reescribe la historia ni dice que todo está bien. Esas experiencias fueron tristes y le hicieron daño. Pero ¿no consiste la vida en eso? Esta ambigüedad, y la empatía de la canción por todas las Taylor pasadas y presentes, la convierten en la canción que mejor resume *Midnights*.

Bailando con su mejor vestido

11

TAYLOR DE GIRA

«¡Hola, soy Taylor!».

Cuando Taylor tenía veinte años, dijo: «Nada me motiva más que el sonido de la gente gritando. Es el sonido que más me gusta del mundo».[1] Después de tres álbumes sin gira, Taylor hizo por fin su regreso triunfal a la música en directo el 17 de marzo de 2023, ante 69.213 personas gritando.[2] Unos enormes abanicos de gasa rosa se abrieron para mostrar a Taylor saliendo de debajo del escenario mientras cantaba «Miss Americana & The Heartbreak Prince». El público enloqueció. The Eras Tour llevaba cinco años gestándose. Los que se habían enganchado a su música durante la pandemia todavía no habían vivido su primera gira de Taylor, incluyendo la primera vez que la veían presentarse, como si su reputación no la precediera. Para los que lloraron cuando se canceló el Loverfest, era una oportunidad de poder oír por fin las versiones en directo de canciones queridísimas como «Me!». Para los que habían estado en todas las giras, era una oportunidad de revivir los recuerdos y ver cómo iba a interpretar Taylor sus canciones favoritas. ¿Repetiría gestos de anteriores giras, como escribirse letras en el brazo, formar un corazón con las manos o regalarle su sombrero a un afortunado miembro del público? (Spoiler: hizo al menos una de las tres cosas).

La gira deja con la boca abierta. Cada noche crea un nuevo momento simbólico a través de canciones sorpresa, cuando interpreta temas que no pudo colar en la lista programada. Aunque actúa hasta tres horas seguidas (incluso más en algunas ocasiones), tiene más de doscientas canciones donde elegir. El público se muere por oír su canción preferida cuando se cuelga la cinta de la guitarra acústica o se sienta al piano cubierto de flores pintadas a mano.

Después de todas las vicisitudes por las que ha pasado, *Lover* por fin tiene la oportunidad de deslumbrar. El fabuloso y brillante body rosa y azul de Versace que lleva para la era *Lover* que abre el espectáculo fue la imagen usada en la portada de la película del concierto de The Eras Tour. La película fue un exitazo por sí misma. Alcanzó, de forma muy apropiada, el número 22 en la lista de la recaudación mundial de 2023, aunque se estrenó a mediados de octubre. *Lover* tiene la diversidad necesaria para abrir el concierto: «Miss Americana & The Heartbreak Prince» da paso a «Cruel Summer», que tiene la energía ideal para que empiece la fiesta y ayuda a todos a calentar las cuerdas vocales. Taylor ha decidido no interpretar «Me!», aunque las actuaciones en directo a veces han ayudado a dar sentido a canciones que no gustaron tanto como las demás del álbum en un principio: se sabe que el Reputation Tour hizo

Para los que habían estado en todas las giras, era una oportunidad de revivir los recuerdos y ver cómo iba a interpretar Taylor sus canciones favoritas.

que el público viera el álbum con otros ojos, después de recibir críticas encontradas cuando salió. La gente por fin puede cantar «The Man», «You Need To Calm Down» y «Lover» juntas, como fue la intención de Taylor desde el principio, con «The Archer» poniendo el broche a la sección.

La siguiente era es la *Fearless*. A diferencia de *Lover*, este álbum sí tuvo su propia gira (2009-2010), la primera oportunidad de Taylor de ser cabeza de cartel. Un poco de historia sobre las giras de Taylor ayuda a entender lo que tiene de especial su espectáculo en directo. Antes de que encabezara su propia gira, había salido a la carretera como telonera de cantantes country como George Strait o Faith Hill y Tim McGraw, la flor y nata de la música country. Su primera gran oportunidad le llegó cuando despidieron al cantante Eric Church como telonero de una gira de Rascal Flatts. Taylor escribió en su diario en octubre de 2006, poco antes de que *Taylor Swift* saliera al mercado: «¡MADRE MÍA, que estoy en la gira de Rascal Flatts! Me llamaron ayer y grité más fuerte de lo que recuerdo haber gritado jamás».[3] Cuando Taylor lo sustituyó, Eric bromeó con ella diciéndole que le enviara su primer disco de oro, cosa que Taylor hizo más tarde, con una nota que decía: «Gracias por tocar demasiado tiempo y demasiado alto en la gira de los Flatts. Te lo agradezco de corazón».[4] Durante estas giras country Taylor aprendió algunas lecciones muy útiles sobre cómo tocar en directo, sobre todo de George Strait, conocido por su voz dulce. Taylor dijo: «El desafío de dar un concierto en un estadio es lograr que la gente de la última fila sienta que ha vivido una experiencia íntima y personal [...]. No me gusta gritarle al público, me gusta hablar con él».[5] A día de hoy, Taylor no grita como una estrella del rock, sino que habla con el público como si lo hiciera sentada a la mesa: «Cuando doy un concierto, no voy en plan "¿¡QUÉ PASA LONDREEEEES!?". Se puede decir que hablo a este nivel».[6]

George también era conocido por actuar «en redondo», con el escenario en el centro del sitio donde diera el concierto y no en un extremo, como en un teatro. Muchos cantantes han adoptado ahora esta disposición para que más fans puedan acercarse al escenario. En el Fearless Tour, Taylor incluso se metía entre bastidores y atravesaba los pasillos corriendo para llegar al otro extremo del estadio. Mientras corría, se proyectaba un vídeo cómico en el que se veía a varios hombres cuyos nombres al parecer había incluido ella en una canción. Aquí había actores de sus videoclips y Tim McGraw, que suspiró y dijo: «A la gente se le olvida que yo fui la primera víctima de una canción de Taylor Swift».[7] Después, de repente, Taylor subía corriendo la escalera y sorprendía a los fans que creían que iban a verla como un punto lejano durante todo el espectáculo: «Hay un escenario B en el extremo del estadio de modo que durante parte del concierto los mejores asientos son los que se creían que eran los peores. ¡Ja! Cambiazo».[8]

A veces, mientras se habla de su talento como compositora, olvidamos que Taylor también es una de las mejores intérpretes del mundo. Su voz se ha fortalecido desde 2006, y ahora cuenta con la experiencia, el presupuesto y el equipo necesarios para ofrecer un espectáculo dinámico en un gran estadio. Pero su carisma especial siempre ha estado presente. Deseaba tanto ser una estrella que no le bastaba con un contrato de compositora, y, en vez de quedarse en el infierno del desarrollo en Nashville, dejó su contrato discográfico. Por eso es un milagro: tiene el corazón de una compositora de Nashville junto con la mente de una mujer de negocios. La cantante Carly Simon, que escribió «You're So Vain» (una de las canciones favoritas de Taylor), dijo: «No la compararía con Joni Mitchell, Carole King ni conmigo. Sobre el escenario es una artista completa, más o menos como Elton John».[9] Por primera vez, aunque no sería la última, Taylor se acercó al mundo del pop y en el Fearless Tour hubo bailarines para reforzar el elemento narrativo, algo inusual en la música country. Durante «Love Story», Taylor desaparecía detrás de sus bailarines y luego aparecía vestida de novia. Después se quitaba la corona de la cabeza y se la entregaba a un fan afortunado. Mientras los espectadores gritaban su nombre, Taylor decía: «Chicos…, no sabéis lo que acabáis de hacer por mí».[10]

Los fans tenían un motivo para gritar en las giras de Taylor: se corrió la voz de que a los «fans de Taylor más histriónicos» del público los elegiría Andrea, la madre de Taylor, para ir entre bastidores y asistir a una «T-party», el cara a cara que más tarde se llamaría Club Red, Loft 1989 y, por fin, Rep Room. Los *meet-and-greet* con Taylor eran míticos; en una ocasión empezó uno a las ocho de la mañana y terminó a las nueve de la noche (13 horas). Además de querer acercarse a los fans, Taylor trataba a los miembros de su banda de música como amigos. Algunos de ellos llevaban ya tres años con ella cuando empezó el Fearless Tour, y siguen tocando con ella en la actualidad o volvieron para regrabar las versiones de *Fearless* y *Speak Now*. En 2009, ya contaba con ciento cincuenta personas en su equipo; Taylor era la CEO de un negocio. En el ultimísimo concierto de esa gira, Taylor pasó de recintos más pequeños a grandes estadios en toda regla. Tocó en el Gillette Stadium en Foxborough, Massachusetts. Ese gran escenario ha sido una constante en todas sus giras posteriores, ya que fue la primera mujer en encabezar un espectáculo allí.

Cuando regresó al Gillette Stadium para su Speak Now Tour, creó un trozo de historia swiftie. El 25 de junio de 2011, el «momento lluvia» tuvo lugar durante una tormenta, pero Taylor siguió bailando con sus mejores galas. «Fearless», «Last Kiss» y «Dear John», tres canciones que mencionan de forma explícita la lluvia, fueron interpretadas bajo un aguacero. Durante su siguiente visita, en medio del Red Tour, Taylor le dijo a la multitud: «Pensé: "Madre mía, se van a ir todos" [...] y ¿sabéis lo que hicisteis? Os quedasteis y gritasteis con más ganas».[11] Taylor dijo que fue «una de las noches más memorables de mi vida», porque solo podía haber ocurrido en un concierto durante una gira: «Son esos momentos de interacción humana que suceden en las giras y que no puedes experimentar mientras ves que una canción va escalando puestos en las listas de éxitos, sentada en tu casa».[12]

El Speak Now Tour (2011-2012) repitió todo aquello que había conseguido que *Fearless* fuera tan entretenido en directo y lo superó. El factor de entretenimiento era más ingenioso: durante uno de los cambios de vestuario de Taylor, un bailarín bailó claqué y luego se acercó a un interruptor enorme. Cuando lo accionó, Taylor salió de debajo del escenario como el muñeco de una caja de sorpresas. «Me gusta mucho que haya algo teatral en lo que hacemos en el escenario. Cuando era más joven, estaba obsesionadísima con los espectáculos de Broadway. Si puedo mostrarle al público un elemento teatral en un concierto, creo que consigo que se evadan un poquito más de sus vidas», declaró Taylor.[13] Es cierto que el espectáculo parecía más una obra de teatro, con múltiples decorados, incluido un escenario B con un árbol resplandeciente y una pérgola dorada. En cierto modo, *Speak Now* es el mayor exponente de la discografía de Taylor, al menos hasta *folklore*, y por eso la gira no se abrió con un sentimiento optimista sobre estar preparada para empezar la fiesta, sino con un soliloquio sobre el arrepentimiento que es muy suyo: «La vida real es curiosa. Creo que la mayoría de nosotros tememos llegar al final de nuestra vida y echar la vista atrás lamentando los momentos en los que no dijimos lo que pensábamos. Cuando no dijimos "te quiero". Cuando debimos decir "lo siento"».[14] Para «Our Song» y «Mean» de *Speak Now*, Taylor apareció con el típico vestido blanco vintage etéreo que se apoderó de las blogueras de moda a principios de la década de 2010. Los vestidos vintage hasta se colaron en la letra de «Better Than Revenge», lo que no ayudó a la antagonista de la canción. En el espectáculo en directo, la canción se introdujo con un mensaje de voz falso que decía: «Hola, soy yo. Déjame un mensaje y que sea guarro», con acento de chica bien californiana. El calzado de Taylor para *Speak Now* eran unas botas negras hasta la rodilla, alejándose de la imagen country que había establecido hasta el momento y adentrándose en territorio del estilo americana. Aunque Taylor conservó una pizca de sus raíces country cuando el banjo entró en escena durante «Mean», en ese momento quedó claro que formar parte de la escena de la música country era ya cosa de su pasado y solo perduraría en ciertos estilos de composición y en la aparición ocasional de la armónica.

Otras bajas en las giras de Taylor fueron las canciones favoritas de algunos, ya que hasta The Eras Tour solo mantuvo unas cuantas de álbumes anteriores en el programa, porque prefería tocar lo máximo posible del nuevo álbum. Las canciones más lentas a menudo se quedaban por el camino, salvo «All Too Well». Tocó «Dear John», considerada una de sus composiciones más icónicas, el 2 de marzo de 2012, casi al final del Speak Now Tour, y no volvería a oírse hasta que la interpretó como una canción secreta en 2023, poco después de que sacara *Speak Now (Taylor's Version)*. The Eras Tour solo tiene dos canciones de *Speak Now* en el programa: «Enchanted», por su romanticismo y los lazos con su adolescencia, y «Long Live», el himno que han adoptado los fans.

Las canciones sorpresa llevan siendo mucho tiempo un elemento importante con el que Taylor hace que los espectáculos en estadios parezcan acogedores. En el Speak Now Tour, tocó versiones sorpresa, que iban desde «A Sorta Fairytale» de la cantautora Tori Amos a «Lucky» de Britney Spears. El Red Tour (2013-2014) fue la primera gira en la que Taylor cantó canciones sorpresa de su propio repertorio. En la época del Red Tour, a Taylor ya le preocupaba no entretener lo suficiente, de modo que se devanó los sesos para proporcionales un rato todavía mejor a los espectadores: «Mi generación creció pudiendo cambiar de canal si nos aburríamos. Queremos que nos pillen desprevenidos, que nos sorprendan, que nos dejen alucinados».[15] Empezó a llevar a invitados inesperados relacionados con la ciudad, como la estrella del country Luke Bryan en Nashville o Ed Sheeran en Londres, que también fue el primer invitado sorpresa del 1989 Tour (2015).

La influencia de Ed Sheeran se nota en la versión que Taylor hizo de su propia canción «Blank Space» en el 1989 Tour. Ya le había ofrecido al público nuevas versiones de canciones para crear una experiencia especial en directo, como una versión de «You Belong With Me» como si fuera de un grupo de chicas sesentero en el Red Tour. Para su nueva versión de «Blank Space», Taylor usó un audio de su voz en bucle gritando el nombre de la ciudad en la que se encontraba para crear una versión única para cada concierto de la gira. Otros momentos personalizados han sido las camisetas a medida con el nombre de cada ciudad que Taylor llevó durante todo el Red Tour. El vestuario también subió un peldaño en esa gira: los bonitos vestidos de *Fearless* y *Speak Now* se cambiaron por otros de líneas más rectas y por una imagen más adulta. Taylor incluso abrió el espectáculo con una silueta suya proyectada sobre un telón, al estilo de Beyoncé, la marca de un icono en ciernes. Los preciosos vestidos de Taylor ya no parecían tanto sacados de un baile de graduación, sino que eran más de la época dorada de Hollywood; lució un vestido de Alexander McQueen con grandes pliegues alrededor de las caderas para cantar «I Knew You Were Trouble», un emocionante cambio con toques de alta costura con respecto a los vestidos de novia blancos de giras anteriores. Para recalcar la idea, interpretó una «Love Story» a la inversa, desapareciendo un segundo detrás de los bailarines para salir con un brillante corpiño negro y minishorts, aunque sí que mantuvo uno de los gestos de *Fearless* al quitarse el sombrero de fieltro negro de la cabeza y dárselo a uno de los fans durante «State Of Grace».

Si avanzamos hasta The Eras Tour, al final de «22», un afortunado fan sube al escenario para saludarla y recibir el sombrero. La sección dedicada a *Red* en The Eras Tour usa los temas bailongos del álbum —«22», «We Are Never Ever Getting Back Together» y «I Knew You Were Trouble»— para subir la energía; lógico, ya que es la parte central del espectáculo y llega justo antes de la sección de *folklore*, muy cargada emocionalmente hablando. El punto central está justo en la transición de «I Knew You Were Trouble» a la versión de diez minutos de «All Too Well». Cuando Taylor interpretó esta canción por primera vez, parecía triste y afligida. Con el tiempo, la reacción del público transformaría los sentimientos de Taylor a modo de increíble proceso de sanación:

Esta canción nació de la catarsis, del desahogo y de intentar superar algo, comprenderlo y procesarlo [...]. Habéis convertido esta canción en un collage de recuerdos de veros gritar las palabras de esta canción, o de ver fotos que me mandáis con las palabras de esta canción escritas en vuestros diarios, o de enseñarme vuestras muñecas, donde os habéis tatuado la letra de esta canción. Y así es como habéis cambiado la canción «All Too Well» para mí.[16]

La última gira antes de The Eras Tour fue el Reputation Tour (2018) y sirvió como una forma de procesarlo todo a mayor escala. Como no concedió entrevistas para el álbum, Taylor tuvo la oportunidad de expresarse directamente a los fans. Oír lo bien que sonaba la música en directo y verla actuar en el escenario sin inhibiciones ayudó a que aquellos que no recibieron *reputation* con mucho entusiasmo en un principio llegaran a apreciarlo. Taylor dijo: «*reputation* fue interesante porque nunca había tenido un álbum que no se comprendiera del todo hasta verlo en directo. Cuando salió, todo el mundo creyó que iba a ser rabioso; después de oírlo entero, se dieron cuenta de que, en realidad, va del amor y de la amistad, y de averiguar cuáles son tus prioridades».[17] Cada concierto de la gira acercaba a Taylor un paso más a

Oír lo bien que sonaba la música en directo y verla actuar en el escenario sin inhibiciones ayudó a que aquellos que no recibieron *reputation* con mucho entusiasmo en un principio llegaran a apreciarlo.

su rehabilitación ante la opinión pública. Al final, se convirtió en un éxito que batió récords, y en la primera gira de Taylor que se celebró íntegramente en estadios enormes y no en espacios más reducidos, lo que la ayudó a alcanzar la cifra de 2,9 millones de asistentes en total.

La escenografía del Reputation Tour fue acertada, ya que cimentó el espectáculo que Taylor había estado creando durante su carrera pop. *Red* tuvo una visión más limpia y clara; y *1989* se lanzó a por lo espectacular, con pulseras que se iluminaban repartidas entre los espectadores en algunas zonas, creando un cosmos refulgente y mágico por todo el espacio. Las pulseras cambiaban de color y relampagueaban al ritmo de la música, lo que añadía otro elemento a la sobrecarga sensorial completa diseñada para sumergirte en el Taylor-verso unas horas. *1989* era Taylor en la cima de su momento como chica popular pre-*rep*, y el tono era puro entretenimiento. La escenografía del Reputation Tour era más ambiciosa, pero creaba una atmósfera distinta. La historia que inspiró *reputation* estaba justo ahí, en el escenario, representada por las serpientes de quince metros de altura. No era la primera vez que Taylor hacía referencias a su imagen pública en el escenario. Durante el Fearless Tour, mostró un vídeo de sus «víctimas» y un gag en el que la entrevistaban sobre sus novios famosos, que culminó lanzando la silla del entrevistador desde el escenario. Durante «The Lucky One», en el Red Tour, hizo que sus bailarines se vistieran como paparazzi de los años cuarenta. En 2014 contrató a su publicista, Tree Paine, para ayudarla con su imagen, un trabajo cada vez más complicado y exigente. El Reputation Tour enviaba un mensaje más complejo que el de «las páginas web publican muchas historias sobre mí». Taylor había muerto metafóricamente y vuelto a la vida. Lo dio todo en *rep*, en especial con el baile. Se paseaba mucho, pero, como en el vídeo de «Look What You Made Me Do», también meneaba las caderas por primera vez. Siempre se ha expresado mayormente con las manos, pero incorpora más baile en The Eras Tour: «Estuve tres meses practicando el baile porque quería que se me metiera en el cuerpo. Quería tenerlo tan ensayado que pudiera hacer tonterías con los fans sin perder el hilo. Aprender una coreografía no es mi punto fuerte».[18] El baile en The Eras Tour es perfecto: menos coreografía de chica pop y más narración, tal como pretendía en su Fearless Tour. También incorpora detallitos de su propio pasado, como las vueltas que daba como artista country. El escenario dispuesto como si fuera una oficina para «The Man» es teatro musical puro, mientras que en «Willow» sus bailarines ejecutan el vals con orbes brillantes en un ritual de brujería.

folklore y *evermore* fueron los álbumes que Taylor escribió cuando no tenía que planificar una gira, así que todo el mundo sentía curiosidad por ver cómo funcionarían en un gran estadio. Al final, Taylor tenía una visión clara. Ya había descrito que la composición de estos álbumes fue un proceso muy visual, como el imaginario de «mirrorball»: «Vi de inmediato una solitaria bola de discoteca, luces parpadeantes, letreros de neón, gente bebiendo cerveza junto a la barra, un par de rezagados en la pista de baile..., como una experiencia triste a la luz de la luna».[19] La sección *evermore* de The Eras Tour viene justo después de

Fearless. Es increíble presenciar el crecimiento a lo largo de doce años, ya que Taylor empareja su segundo álbum con el que es más complejo musicalmente hablando hasta la fecha. «Love Story» es un clásico eterno porque cuenta una historia muy convincente, pero «'tis the damn season», «marjorie» y «champagne problems» abarcan más extensión de terreno emocional y dejan más al descubierto la habilidad de Taylor. La yuxtaposición de estas dos eras hace que nos preguntemos adónde llegará en otros doce años. El imaginario de *evermore* también ilustra los elementos góticos del álbum, con proyecciones de vídeo de frondosos y oscuros bosques. Es un escenario espeluznante sacado directamente de los *Cuentos de hadas de los Grimm*. Como guiño adicional a esta inspiración, en la mayoría de los conciertos Taylor lleva un vestido amarillo oscuro con un corpiño con cordones, en alusión a la ropa que llevaría una antigua moza de taberna en Europa.

folklore, que aparece encajonado entre las secciones poperas de *Red* y *1989*, tiene uno de los decorados más memorables del espectáculo. La escenografía de la cabaña cubierta de musgo, inspirada en el vídeo de «cardigan», se vio por primera vez en la actuación de Taylor en los Grammy de 2021. Es la escenografía de siete canciones completas de *folklore*, más una versión recitada de «seven». Para esta sección, Taylor lleva un etéreo vestido de chifón hasta el suelo con mangas de capa que acentúan los movimientos dramáticos de sus brazos. Esto le viene especialmente bien al baile lírico y contemporáneo de «august», la canción que inspiró miles de dramáticos TikToks en el verano de 2023, o para cantar el puente de «illicit affairs» como un ángel vengador, con sus alas de chifón ondeando al viento. Por suerte para nosotros, las canciones sonaban tan bien en un estadio como en nuestros auriculares.

Tras la sección de canciones sorpresa, Taylor se planta como si nada en mitad del escenario. El suelo parece haberse convertido en las sinuosas olas del mar. De repente, se zambulle en el agua. Los fans que se sientan en lo más alto, en esos asientos que se supone que son los peores, tienen una vista increíble de Taylor «nadando» por todo el escenario y hasta la pantalla de vídeo gigante del fondo. Aparece de nuevo, subiendo una escalera hacia las nubes, dispuesta a perderse en la neblina de «Lavender Haze». Es un momento que te deja con la boca abierta por la maravillosa escenografía. A estas alturas, Taylor lleva más de tres horas sobre el escenario. Es el tipo de actuación que ofrecen los cantantes de ópera o las estrellas del deporte; y Taylor se las apaña para seguir dándolo todo. Ha entrenado mucho durante seis meses con el fin de tener la resistencia necesaria para el espectáculo y para mejorar su voz mientras baila: «Todos los días me subía a la cinta de correr y cantaba todo el programa en voz alta —dijo—. Corría deprisa para las canciones rápidas e iba a paso vivo para las canciones lentas».[20] Cuando, después de tres horas o más, corona el Everest de este espectáculo, «Karma», es un momento triunfal.

The Eras Tour es una gira legendaria porque ha tenido un impacto en el mundo que supera con creces lo que ella había imaginado, sobre todo por la energía de los fans. Taylor pisa fuerte, pero sola no podría haber generado el terremoto de magnitud 2,3 que los fans provocaron en Seattle por la intensidad con la que bailaban. El fenómeno de las pulseras de la amistad ha logrado que los fans puedan pasar tiempo creando algo mientras esperan el concierto y quedarse con un recuerdo para inmortalizar el día. Confeccionar disfraces es una de las partes divertidas de asistir a cualquier evento importante, desde una fiesta de Halloween a una proyección de *Barbie*, pero pocos te dan la oportunidad de vestirte como una princesa, un zombi, una bruja, la directora de una banda de música o una bola de discoteca. Puedes aparecer en The Eras Tour con un vestido veraniego y botas vaqueras, o con una sudadera negra con capucha, o con unos shorts rojos de cintura alta y una camiseta de rayas de manga corta. Los asistentes no tardaron mucho en empezar a acudir con réplicas perfectas del nuevo vestuario de Taylor, desde el body de *Lover* hasta la minifalda y el top con cuentas de *1989*. En un momento que cerraba el círculo a la perfección, como cuando el karma te devuelve algo, un fan apareció como pulsera de la amistad.

Ver a Taylor en directo es una experiencia especial: no solo el ambiente es deslumbrante, abrumador y alegre, es irrepetible. Juntos, Taylor y su público vuelcan el corazón en las canciones para crear un momento único y compartido que se centra en la mujer alta con el body brillante, pero que se compone de todas y cada una de las personas de la multitud. En cada concierto, Taylor camina hacia el final del estrecho y largo escenario hasta plantarse en el centro, donde todos pueden verla, incluso en la última fila. Hace una reverencia, agita la mano con una floritura o se da media vuelta sobre los tacones, con la luz reflejándose en la pedrería de su vestuario. Ha nacido para esto.

12

La otra historia de Taylor Swift

LOS FANS

*É*rase una chica llamada Taylor que, un día, de repente, llamó tu atención. Quizá fue en un vídeo, en una canción que sonó en una fiesta o en una noticia que despertó tu interés. Taylor nos ha dado la bienvenida a su universo, y uno tras otro lo hemos convertido en nuestro hogar. Ha demostrado ser una intrépida líder de la industria musical, una compositora de increíble profundidad y versatilidad, y un personaje público fascinante hasta el infinito. Trabaja de forma incansable para entretener al mundo con música nueva, espectáculos increíbles, atuendos magníficos, amistades intrigantes entre famosos..., algo que es maravilloso para ver y comentar con tus amigos. Taylor debe de haber provocado mil millones de horas de conversación, una por cada dólar que ha ganado con su música.

Su fans están tan dispuestos a gastar el dinero que tanto les ha costado ganar para demostrarle su amor a su artista favorita que le han puesto nombre al fenómeno: «swiftonomía». Es divertido poseer un trocito del Taylor-verso para ponerlo en la estantería, ya sean discos de vinilo con forma de corazón o una de las mantas con portadas de álbumes que algunos fans llevan coleccionando desde el principio. Taylor ha desencadenado un renacimiento de las ventas de discos de vinilo y ha ayudado a que se haya alcanzado el máximo en el Reino Unido desde 1990, cuando Phil Collins era el artista que más discos vendía.[1] En Estados Unidos el vinilo representa ahora el 72 por ciento de todas las ventas en formato físico.[2] Los formatos físicos son importantes porque los artistas ganan más dinero con ellos, pero también porque no puedes colgar en tu pared la versión digital de *evermore*. Imagina que un día se cayera internet y no pudieras escuchar a Taylor (plantéate memorizar todas sus canciones por si también se va la luz). El vinilo es lo mejor, porque es más grande que un CD, que quedaría ridículo apoyado en tu estético espacio de trabajo o estudio. Por eso se buscan los vinilos raros. Hay un disco de vinilo de *Red* que se envió a los votantes de los premios de la ACM, con una frase escrita que dice «Una de las mejores exportaciones de Nashville... y pintó ~~la ciudad~~ el mundo de ROJO»; está a la venta (mientras escribo esto) en Discogs.com por 5.999,99 dólares. Otras alternativas más baratas son el vinilo de *reputation* naranja translúcido (se cree que el color alude a un álbum perdido entre *reputation* y *1989*) por mil dólares o, por supuesto, *Midnights*, que está disponible en colores como el lavanda y el azul piedra de luna.

En todas las eras ha habido camisetas con la cara de Taylor, para el fan que no tiene miedo de anunciarle al mundo que es un swiftie. Si se quiere un guiño más sutil, la

Es divertido poseer un trocito del Taylor-verso para ponerlo en la estantería, ya sean discos de vinilo con forma de corazón o una de las mantas con portadas de álbumes que algunos fans llevan coleccionando desde el principio.

colaboración de Taylor en 2019 con la diseñadora británica Stella McCartney (para «London Boy») incluía una camiseta con una foto de su gato, Benjamin Button. Hay que ser muy fan para reconocer a uno de los gatos de Taylor. Aunque los titulares se centran normalmente en la cantidad de dinero que los swifties están dispuestos a gastarse para demostrarle su amor a Taylor, no es necesario tener mucho para ser fan. Una característica clave de los swifties es **la creatividad**. Los fans a menudo elaboran su propio merchandising con ingeniosas ilustraciones con las que ni siquiera puede competir el diseñador de camisetas de Taylor. Algunas de las mejores trascienden todos los géneros, igual que su álbum *Red*. Puedes comprar una camiseta con el nombre de Taylor escrito con una letra que parezca que eres fan de un grupo de death metal llamado Taylor Swift. Un usuario de Instagram llamado @hiscissorsaurus diseñó una camiseta en la que aparecían Taylor y uno de sus gatos con gafas de sol, en una parodia del álbum *Goo* de la banda indie Sonic Youth. Incluso podrías hacerte una réplica de la camiseta Junior Jewels de Taylor del vídeo «You Belong With Me», con los nombres de tus propios amigos o con los nombres de los álbumes.

Participar es fundamental entre su fandom, y es una de las cosas más agradables. Asistir a The Eras Tour fue una pasada para los que pudieron conseguir entradas, pero, para los que no pudieron ir, había otras formas de vivir la emoción del momento. En Estados Unidos, los fans se reunían en los aparcamientos de los estadios para escuchar la música atronadora, pasar el rato y bailar gratis. Ir a ver la película del concierto en los cines se convirtió en toda una experiencia; Taylor publicó un comentario para dejar claro que «se anima a ir vestido de las Eras, llevar pulseras de la amistad, cantar y bailar».[3] Alquilar la película en casa era una forma disimulada de convertir a hermanos y padres, y de aumentar las posibilidades de que te compraran merchandising como regalo de Navidad. En todo el mundo han surgido noches en clubes y discotecas donde solo suenan canciones de Taylor, desde el Taylor Fest en Estados Unidos a las Swifty Nights en Europa y el Swiftogeddon en el Reino Unido. Si tienes la suerte de vivir en el importante centro neurálgico swiftie que es Manila (Filipinas),[4] puedes ver a la drag queen Taylor Sheesh actuar en su espectáculo basado en The Eras Tour en el centro comercial.

Si solo dispones de un teléfono, puedes ver el concierto a través de las retransmisiones en directo de fans con una resistencia de brazos del nivel de Taylor, o simplemente echar un vistazo a las canciones secretas que interpreta esa noche. Muchos swifties han hecho vídeos con canciones de Taylor y han conseguido un like o un comentario de la propia Taylor en TikTok. En la era *1989*, hablar de Taylor en internet podía hacerte conseguir una invitación a su nuevo invento, las sesiones secretas: «Me conectaba y miraba sus páginas de Instagram, Tumblr o Twitter», una práctica conocida como «Taylurking».[5] En un acto de increíble confianza, se invitaba a los fans a casa de Taylor, donde comían galletas caseras de chocolate y calabaza o chocolate y coco. Taylor se sabía los nombres de todos como si fuera una embajadora. Siempre está pendiente de todo. El fan Mikael Arellano se asombró al ver su baile viral de «Bejeweled» incorporado a la interpretación de Taylor de la canción en la gira de 2023.[6] Taylor ha mantenido estos gestos a lo largo de su carrera porque ella también fue una fan en otro momento. Cuando conoció a su ídolo LeAnn Rimes de niña, «caminaba entre el público, estrechando manos, y de repente miró hacia abajo y yo le dije: "LeAnn, ¿has recibido mis cartas?" y ella dijo: "¡Claro que sí, Taylor!". Y en ese momento todo encajó, literalmente, y llegué a la conclusión de que si alguna vez podía hacer que un niño se sintiera así, o que una persona se sintiera como ella me hizo sentir a mí, todo valdría la pena».[7]

A los swifties, como colectivo, les gusta analizar todo su trabajo al detalle. Cuando Taylor hace algo, lo que sea, los fans buscan pistas o **Easter eggs** («huevos de Pascua»). Son indicios de algo que tal vez haga a continuación o guiños sobre el significado de una canción. Lleva colocando esas pistas desde su primer álbum: «¿Por qué no poner algunas letras en mayúscula y ver si los fans descubren que si coges todas las mayúsculas y las juntas, aparecen pequeños códigos, mensajes secretos?».[8] Conseguir un nuevo CD de Taylor entre los años 2006 y 2014 consistía en arrancar el celofán del que habías comprado en la tienda de discos y sentarte con un bolígrafo y un papel para descifrar los mensajes secretos. El primer mensaje oculto, para «Tim McGraw», fue «Can't tell me nothin» (Lil Nas X es un conocido admirador de Nicki Minaj más que un swiftie, pero su canción country «Old Town Road» tiene una letra muy parecida a esta). El último mensaje oculto, para «Clean», también aparecía en el vídeo de «Out Of The Woods»: «She lost him, but she found herself, and somehow, that was everything» («Ella lo perdió, pero se encontró a sí misma y, de alguna manera, eso lo era todo»). Buscar las pistas ayudó a los fans a darse cuenta de lo poéticas que eran las letras, y empezaron a construir un universo a partir de las propias canciones: «Hace que la gente lea las letras, convierte el álbum en un acontecimiento. Los *Easter eggs* son una forma de ampliar la experiencia de ver algo o escuchar música».[9] *reputation* no tenía mensajes secretos en las notas de presentación, pero sí en las imágenes, que se convirtieron en un gran pasatiempo para Taylor:

> No estaba concediendo entrevistas, pero quería seguir comunicándome con los fans. Así que los huevos de Pascua se dispararon. Creo que el vídeo con más huevos de Pascua de toda mi carrera hasta ahora ha sido «Look What You Made Me Do». Van a tardar décadas en encontrarlos todos.[10]

No hay pruebas de que soltara una risa diabólica después de pronunciar esas palabras, pero sin duda estaba encantadísima. Los misterios swifties sin resolver de ese vídeo incluyen la versión de Taylor que corta con una sierra el ala de un avión y escribe «reputation» con pintura en espray en un lateral; no se la reconoce de ningún vídeo, gira o era. Otros misterios como este reposan en la cámara acorazada de Taylor junto a todos sus diarios (y la bufanda, seguramente). En lo referente a su ropa, sobre todo a los atuendos que lleva en los grandes eventos, puede utilizar ciertos colores para enviar pistas. «Se pueden dejar huevos de Pascua en la ropa o en las joyas» o «una forma específica de dejar huevos de Pascua es en las uñas [...]. Hice un clip en Spotify para "Delicate" (*reputation*), y me pinté las uñas con los colores que quería que tuviera el siguiente álbum (*Lover*)».[11] Taylor también considera sus símbolos líricos o visuales favoritos como huevos de Pascua:

> Son cosas que quizá no conduzcan a nada en el futuro, pero son un homenaje a mi amor por ellas. Esas cosas son el número 13 y los gatos. Si ves un gato como símbolo en un huevo de Pascua, está ahí solo porque me encantan los gatos. Así de simple. A veces su único significado es recordarte que me encantan los gatos. También el número 13, al que le tengo mucho cariño. Elegiré fechas, para acontecimientos importantísimos, solo porque todos sus números juntos suman 13. El 13 gobierna mi vida.[12]

Los fandoms no son todo sol y arcoíris, aunque llevemos esos símbolos en nuestros atuendos de las Eras. A veces, admirar a Taylor sale mal. En septiembre de 2015, el cantautor roquero Ryan Adams publicó un álbum de versiones de *1989*. Sí, el álbum entero, canción por canción, aunque transformó este icónico álbum pop, quitando los ritmos y cambiando los pronombres para que nadie se confundiera entre Taylor y él. *Pitchfork,* una revista indie que no había reseñado el *1989* de Taylor, le dio a la versión de Ryan un 4 sobre 10 y dijo: «Su existencia no tiene sentido».[13]

Hasta el divertido juego de los mensajes ocultos puede torcerse. Taylor ha aumentado tanto las expectativas que a veces vemos cosas donde no las hay. Cuando en febrero de 2019 publicó una foto suya detrás de una valla con cinco agujeros, los fans empezaron a obsesionarse.[14] ¿Era una cuenta atrás? En esa ocasión Taylor solo quería publicar una foto bonita. «En realidad, solo estaba intentando cambiar mi estética de Instagram como preparación para el nuevo álbum». Ese año, un poco más tarde, volvió a publicar la foto, cinco días antes de que saliera *Lover*: «Vale, AHORA hay cinco agujeros en la valla».[15] Taylor es una figura pública importante, así que es natural que los fans presten mucha atención a todo lo que hace y opinen sobre ello. Ella misma ha dicho que odia que la gente sea incapaz de soportar las críticas e intenta enfrentarse a ellas con la mente abierta, algo que incluso ha dado lugar a algunas amistades íntimas:

> Hayley Kiyoko estaba haciendo una entrevista y me puso de ejemplo, diciendo que yo puedo cantar sobre relaciones heterosexuales sin que la gente me critique, mientras que ella no puede cantar sobre chicas, y tiene toda la razón [...]. Pero no puedo responderle a alguien que dice: «Tú, como ser humano, eres una falsa».[16]

A Taylor la han llamado «falsa» desde que miró por primera vez a una estruendosa multitud que la contemplaba con los ojos abiertos de par en par. A veces la gente insinúa que toda su vida es una gran mentira. Dentro de muchos fandoms, no solo en el de Taylor, hay una corriente importante que asegura que tal famoso es gay en secreto (no confundir con los fans queer que hacen interpretaciones personales de las canciones de Taylor). Teorías como la de «Gaylor», que asegura que Taylor mantiene su sexualidad en secreto, son una parte importante del fandom para algunas personas que disfrutan pensando en amores prohibidos al estilo de Romeo y Julieta. Taylor ha declarado que los intentos de «dar sensacionalismo o sexualizar» sus amistades femeninas le resultan incómodos.[17] En 2024, las conversaciones en internet se desbordaron cuando *The New York Times* publicó un artículo de opinión de cinco mil palabras defendiendo la teoría «Gaylor».[18] El artículo pone a prueba los límites de cualquiera que se sienta swiftie. ¿Intentarías exponer a alguien a quien quieres en *The New York Times*? Algunos fans consideran que es su obligación llenar de comentarios y emojis las redes sociales de las personas que sospechan que le han hecho daño a Taylor, un gesto muy irónico, ya que fue justo eso lo que Taylor sufrió en 2016.

Si podemos mantener unos límites respetuosos con ella, las posibilidades que encontramos en su música y en su fama son infinitas. La escritora Emily Yahr ha calificado a Taylor de «portal hacia un sinfín de temas: arte, compo-

De algún modo, Taylor logra que ser
su fan sea algo personal.

sición de canciones, producción, capitalismo, raza, género, feminismo, fandom, redes sociales».[19] La música de Taylor es una amiga: hace que los buenos momentos sean aún mejores y ofrece consuelo cuando la vida se pone cuesta arriba. Es especialmente importante que ilustre el dolor del desamor, porque puede moldear la vida de una persona. Resulta vital reconocer que la experiencia es válida y poder dedicarle tiempo a sentir tus sentimientos. De algún modo, Taylor logra que ser su fan sea **algo personal**. Molly Swindall, una fan y ávida coleccionista de merchandising de Taylor, resumió este sentimiento en una entrevista en *The Washington Post*: «Siempre ha sido buenísima con sus fans y muy cariñosa, y creo que por eso ha llegado tan alto. Sé que en realidad no me conoce, pero te hace sentir como si sí nos conociéramos [...]. He estado a su lado en todas las épocas, en las buenas y en las malas. Y eso es algo de lo que puedo sentirme orgullosa. Porque fuera un momento bueno o malo, yo era su fan».[20]

Por último, ser un swiftie te ofrece la oportunidad de encontrar a las mejores personas del mundo. Hacer **amigos swifties** es una de las mayores alegrías. Cuando conoces a alguien y le mencionas con timidez que te gusta Taylor, y resulta que a esa persona también..., ¡insuperable! Por fin puedes comunicarte usando las letras de Taylor.

Sin importar la forma en la que expreses tu amor por Taylor, ten claro que no pasará desapercibido. En su carta a *The Wall Street Journal* sobre el valor de la música en 2014, describió su relación con sus fans como «una aventura amorosa». Tal como escribió en el mensaje secreto codificado en la letra de «Mary's Song (Oh My My My)» de

Taylor Swift, «Sometimes, love is forever» («A veces, el amor es para siempre»).

Algunas canciones y álbumes representan estaciones de nuestra vida, como esas relaciones que guardamos con cariño en nuestra memoria, pero que tuvieron su momento y su lugar en el pasado. Sin embargo, con algunos artistas será como encontrar al «elegido». Atesoraremos cada álbum que saquen hasta que se jubilen y les pondremos su música a nuestros hijos y nietos. Como artistas, este es el vínculo que soñamos establecer con nuestros fans.[21]

- **«Nadie me vio físicamente durante un año».**
  Utilízalo siempre que te alejes del teléfono durante
  una hora.

- **«Preciosos vestidos».**
  La gran Aretha Franklin condenó a Taylor con este
  débil elogio en 2014.

- **«En mi era *rep*».**
  Tiene un amplio abanico de usos para cuando
  quieras ser caótico.

- **«Me gustaría mucho que se me excluyera de esta
  narrativa».**
  Para cuando no quieras ir a un evento.

- **«Ahora mismo está todo muy tranquilo».**
  Taylor mintiendo como una bellaca. Dilo cuando
  tengas muchas cosas entre manos.

13

Mastermind

EL TALENTO DE
TAYLOR SWIFT

*V*arios premios Grammy al Disco del Año. La gira más taquillera de todos los tiempos. Una especie de milpiés llamada *Nannaria swiftae*. Mil millones de dólares en el banco. Ser amiga de Beyoncé. ¿Te parecen cosas que le pasan a una persona por casualidad?

Cuando llegó el momento de escribir el tema que cierra *Midnights*, Taylor pensó: «¿No estaría bien escribir una letra sobre ser calculadora? Me lo han dicho en plan hiriente, pero ahora me lo tomo como un cumplido».[1] Al principio de su carrera, dijo que cedía a la presión para parecer dulce e incluso ingenua, en vez de reivindicar la autoría de todo su trabajo como le correspondía: «Me esforcé al máximo —y es algo de lo que me arrepiento— para convencer a los demás de que yo no era la que manejaba los hilos [...]. Durante mucho tiempo tuve la impresión de que la gente no quería creer que había una mujer en el mundo de la música que no fuera algo más que una casualidad con suerte y talento».[2] Ahora Taylor se enorgullece de decir que es una «mastermind», un genio de la organización. Es la arquitecta que traza los planos de su propia carrera.

SENTAR LAS BASES

Mantenerse en el candelero como estrella del pop requiere de un juego de pies muy elaborado. *Midnights*, el décimo álbum de estudio de Taylor, ha vendido tres millones y medio de copias en 2024, justo cuando la creencia popular dice que debería estar de capa caída. En solo un año, eclipsó las ventas globales de *Lover* y estuvo a punto de igualar las de *reputation*.[3] Claro que las cifras no lo cuentan todo y no siempre es útil comparar álbumes publicados en años diferentes; el mercado ha cambiado por completo desde que salió *1989* (diez millones de ventas mundiales y subiendo), pervertido por el *streaming* (que contribuye a las ventas, pero representa menos, y paga menos, que un disco de vinilo o una descarga digital) y las reproducciones en plataformas de redes sociales como TikTok. También hay que tener en cuenta la pasión que despierta un determinado artista, el ambiente que puede crear en un estadio y el legado que forja. No cabe duda de que Taylor se encuentra en el mejor momento de su carrera y de que considera que la treintena es su mejor década.[4] Ha recorrido un largo y solitario camino para llegar hasta aquí. Taylor ha cantado en directo desde muy joven, participando en concursos de karaoke y actuando en cualquier feria del condado que la dejara subirse al escenario.[5] Interpretó el himno nacional en un partido de baloncesto en 2002, una niña monísima de doce años con lo que parecía una absoluta confianza en sí misma y un amor innato por la interpretación; en declara-

Ahora Taylor se enorgullece de decir que es una «mastermind», un genio de la organización. Es la arquitecta que traza los planos de su propia carrera.

ciones a un periódico local dijo: «Me encanta hacer cosas así. Me provoca un subidón de adrenalina».[6]

Nashville ofrece una vía para los músicos que saben componer canciones, y toda una maquinaria dispuesta a atraparte... si logras hacerte un hueco. Taylor descubrió que ese camino existía gracias a la televisión: «Estaba viendo un especial sobre Faith Hill en el que contaban cómo se fue a Nashville. En ese momento me di cuenta de que Nashville es tu lugar si quieres cantar música country».[7] Taylor se montó la película en la cabeza como si fuera una actriz en ciernes con la vista puesta en Hollywood: llegaría a Nashville, y tenía un plan para lograrlo. La famosa Music Row de Nashville parece una calle estupenda para conseguir un contrato discográfico: ¡una calle entera dedicada a la música! Taylor y su madre, Andrea, fueron cuando Taylor tenía once años para repartir sus maquetas, que al principio incluían versiones de canciones ajenas. Taylor contaba bromeando que entraba en la recepción y entregaba su maqueta diciendo: «Hola, soy Taylor. Tengo once años. Quiero un contrato discográfico, llamadme».[8] Como esto no dio resultado, entendió que tenía que demostrarles a las discográficas lo que la hacía especial.[9] Así que grabó una nueva maqueta, con canciones escritas por ella. Una de las primeras canciones que escribió fue «Lucky You», que muestra sus instintos pop con el clásico «do do do do». También estaba «American Boy», una canción muy country que va de admirar a tu padre, de crecer y convertirte en él. Sin embargo, la canción tenía algunos giros más oscuros: el chico americano engaña a su «American beauty» («belleza americana»), así que cuando sus hijos dicen que quieren ser como él, ¿es eso bueno o malo?[10] Es una visión del sueño americano que sorprende por su escepticismo. La maqueta se completa con una canción country-rock al estilo de LeAnn Rimes llamada «Smokey Black Nights». La joven Taylor llegó a Nashville entusiasmada por compartir sus canciones con los directivos, que sin duda estaban tan ansiosos como ella. Lo que encontró fueron puertas de cristal cerradas en las fachadas de los edificios. Ninguna discográfica quería firmar un contrato con una adolescente. Le dijeron que «solo las amas de casa de treinta y cinco años escuchan música country y que no había sitio para una cría de 13».[11]

Taylor siguió perfeccionando la habilidad que un día describiría como «el elemento de mi vida que considero más sagrado»:[12] la composición. Empleó el único método que conocía: escribir con el corazón (y hacer que fuera pegadizo). Cuando volvió a Nashville para retomar el asedio, vieron su potencial. Es habitual que se omitan los detalles exactos cuando la gente consigue una oportunidad que acaba llevándola a la fama. En el caso de Taylor, no fue un afortunado encuentro fortuito, sino interminables llamadas telefónicas y esfuerzos por convencer a las discográficas de que escucharan su maqueta, de que oyeran lo que ella creía que podían ser sus canciones. Andrea la llevó a interminables ferias de la industria, unos eventos tediosos en los que muchas personas cantan a pleno pulmón con la esperanza de que los ojeadores les consigan un contrato discográfico. Al final funcionó, y Taylor consiguió un acuerdo de desarrollo con RCA, que según Taylor significa «creemos en ti... más o menos».[13] Cuando este acuerdo se disolvió, Taylor consiguió un contrato de composición con Sony/ATV Nashville, y con catorce años se convirtió en la persona más joven en lograrlo. No se dejó intimidar por el hecho de trabajar con adultos. Al contrario, se esforzó todavía más y se negó a que su edad fuera un obstáculo: «Llegaba a cada reunión con entre cinco y diez ideas que eran consistentes. Quería que me vieran como a una persona con la que estaban componiendo, no como a una niña pequeña».[14] Sin embargo, poco a poco, el sueño se iba haciendo realidad. Sus padres estaban tan convencidos de que iba a suceder que toda la familia se mudó a Nashville. El siguiente paso era conseguir ese contrato discográfico.

La odisea que son las regrabaciones de Taylor nos ha enseñado mucho sobre el aspecto financiero de la industria musical. Cuando una discográfica ficha a un artista, está apostando por él. Adelantan el dinero para grabar el álbum, incluidas las costosas horas en el estudio. Su principal objetivo es ganar dinero. Por eso lo normal es que quieran ser los dueños de los másteres: son quienes los han financiado. Pero muchos sostienen que las discográficas deberían pagar por el uso de los derechos de autor de los artistas en vez de poseerlos directamente. En 2005, Taylor acabó fichando por Big Machine, un nuevo sello discográfico propiedad de Scott Borchetta. Taylor vio el potencial para crecer: «Si pudiera formar parte de la construcción de algo desde cero, de ser el primer artista en un sello discográfico completamente nuevo, me parecería bien siempre que pudiera hacer algo aventurero, audaz y novedoso».[15]

Los años que Taylor pasó en Nashville cimentaron lo que ya era una fuerte ética profesional: «La música country te enseña a trabajar. Oyes historias de artistas que llegan cuatro horas tarde a una sesión de fotos, y en Nashville eso no pasa. En Nashville, si llegas cuatro horas tarde a una sesión de fotos, todo el mundo se va».[16] Fueron necesarios su persistencia y su raro talento; el amor, el apoyo, el tiempo, la confianza y la ayuda económica de sus padres; y un directivo con una visión para que *Taylor Swift* despegara. Todo porque suponían que las chicas no escuchaban música country y que nadie que no fuera una adolescente se interesaría por Taylor. Las mujeres que se dedican a la música se enfrentan a muchas dificultades además de a la competencia extrema y a los contratos turbios a los que también se enfrentan los músicos masculinos. En 2017, Taylor ganó un juicio contra un DJ que la agredió tocándole el culo..., un juicio en respuesta a la demanda que él interpuso contra ella porque, supuestamente, lo despidieron por el incidente. Taylor describió el manoseo de David Mueller delante de testigos y fotógrafos: «Siguió agarrándome la nalga desnuda mientras yo me apartaba de un salto».[17] Taylor era una de las personas más famosas del mundo y una gran estrella con un guardaespaldas a escasos metros, y aun así fue agredida. El jurado se puso de su parte y le concedió el dólar simbólico que ella había solicitado. Taylor ha dicho que experiencias como esa son las que la llevaron al feminismo: «Lo que te pasa en la vida es lo que desarrolla tus opiniones políticas».[18]

Cuando flexiona el bíceps en el escenario durante la actuación de «The Man», se lo ha ganado.

TAYLOR SWIFT ES LA INDUSTRIA MUSICAL

El *streaming* y su modelo económico es algo que siempre ha incomodado a Taylor, y evitó que *Red* estuviera en las plataformas de *streaming* durante ocho meses después de salir al mercado. Cuando salió *1989*, retiró toda su música de Spotify (excepto su canción de 2012 «Safe & Sound (feat. The Civil Wars)», una victoria para los fans de The Civil Wars) porque la plataforma ofrecía su música de forma gratuita. Explicó su razonamiento en una carta a *The Wall Street Journal* en 2014: «La música es arte, y el arte es importante y escaso. Las cosas importantes y escasas son valiosas. Las cosas valiosas deben pagarse. En mi opinión, la música no debe ser gratuita». La carta estaba repleta de ideas premonitorias, incluido el papel que los seguidores en internet empezarían a desempeñar en las carreras creativas: «Para mí, eso se remonta a 2005, cuando asistí a las primeras reuniones con las discográficas y les expliqué que me estaba comunicando directamente con los fans a través de este sitio nuevo llamado MySpace. En el futuro, los artistas conseguirán contratos discográficos porque tienen fans..., no al revés».[19]

Un año después, escribió una carta (educadísima) a la plataforma de *streaming* Apple Music pidiendo que les pagaran a los artistas de forma más justa. La plataforma planeaba ofrecer una prueba gratuita de tres meses a los nuevos suscriptores, durante la cual los artistas no cobrarían por las reproducciones. Parecía preocupada por la posibilidad de que la denigraran al decir lo que pensaba sobre el negocio: «No son las quejas de una niña malcriada y petulante. Son el eco de los sentimientos de todos los artistas, escritores y productores de mis círculos sociales a los que les da miedo hablar públicamente».[20] Taylor declaró a *Vogue* en 2016 que escribir la carta a la todopoderosa Apple era lo más valiente que había hecho en la vida.

En 2023, ya no creía que criticar a las empresas poderosas fuera extralimitarse. «La Gran Guerra» para las entradas de The Eras Tour de 2023 todavía provoca ansiedad a millones de personas. La simple visión de una barra de progreso puede elevar la tensión arterial de los swifties hasta el día de hoy. Llegaron incluso a intercambiarse estrategias sobre si se debía refrescar la página o qué secuencia de botones clicar para maximizar las probabilidades de conseguir entradas. El simple hecho de registrarse en la preventa para fans fue un proceso complejo que requería de un código que se había mandado el año anterior a las personas que habían comprado *Midnights*. Esto formaba parte del proceso llamado Verified Fan («fan verificado»), con el que se intenta asegurar que las entradas se venden a fans de verdad y no a revendedores que las pondrán a la venta por un precio desorbitado. Se registraron un total de tres millones y medio de personas, y algo menos de dos millones y medio de fans pudieron comprar entradas.[21] Por desgracia, la preventa sobrecargó el sistema, lo que provocó que se cayera la web de Ticketmaster y que muchas personas se quedaran fuera del proceso. La venta pública se pospuso. Taylor estaba furiosa, y en esta ocasión no se anduvo con pies de plomo para no herir egos:

A lo largo de los años, he añadido muchísimos elementos a mi carrera sin ayuda externa. He hecho esto ESPECÍFICAMENTE para mejorar la calidad de la experiencia de mis fans al llevarlo a cabo yo misma con mi equipo, que se preocupa por mis fans tanto como yo. Me cuesta mucho confiar a una entidad externa estas relaciones y lealtades, y me resulta insoportable ver cómo se cometen errores sin remedio.[22]

Los problemas no terminaron con la compra de las entradas; los fans también querían estar en primera fila de un estadio por cuya entrada habían peleado con uñas y dientes. Los fans argentinos organizaron un sistema muy inteligente para conseguir acceso a las zonas abiertas y estar de pie más cerca del escenario, según el cual se turnaban en las colas, anotando las horas acumuladas en una «hoja de cálculo creada por dos organizadores y actualizada por los administradores autorizados», lo que se traducía en una mejor posición en la cola.[23] Solo los swifties tienen este nivel de compromiso y el manejo necesario de las hojas de cálculo, inspirados por nuestra genio.

BARBIE CAPITALISTA

Dado que vivimos en un mundo en el que unos cuantos acumulan la mayor parte del dinero, debemos reconocer que Taylor ha amasado su fortuna de forma poco ofensiva en comparación con otros. Lo apasionante de la historia de su fortuna es que ella misma dirigió su carrera, a veces en contra de los consejos de quienes la rodeaban: «Muchas de las mejores cosas que he hecho creativamente hablando fueron cosas por las que tuve que luchar de verdad —y me refiero a luchar de forma agresiva— para que se hicieran realidad».[24] *Billboard* calcula que gana unos 536 millones de dólares al año entre las ventas de discos y las reproducciones en los servicios de *streaming* y en la radio. En 2023 se convirtió en multimillonaria, con unos ingresos estimados de 1.820 millones de dólares solo por la música.[25] El impacto de este dinero va más allá de Taylor, ya que cambia de manos para pagar habitaciones de hotel, taxis, trenes y, por supuesto, cuentas para hacer pulseras: el *Washington Post* informó de que los seis espectáculos que Taylor dio en 2023 pertenecientes a The Eras Tour en Los Ángeles supusieron una inyección de 320 millones de dólares a la economía local.[26]

Al principio de su carrera, hizo tratos con marcas como cualquier otra famosa que necesitara buscarse la vida; *The New Yorker* informó en 2011: «Además de su perfume (Wonderstruck), ha vendido tarjetas de felicitación, una línea de vestidos de verano que cuestan catorce dólares en Walmart, muñecas de moda de Jakks —van vestidas de swifties y llevan versiones en miniatura de su guitarra con incrustaciones de cristales de Swarovski— y, en su sitio web, calendarios, carcasas de iPad, pósters de Peter Max, batas, diademas, diarios y bolsas de regalo».[27] Taylor sigue obteniendo importantes ingresos del merchandising (se estima que unos dos millones en cada concierto de The Eras Tour), pero ha racionalizado lo que promociona. Puede controlar su propia marca, pero otras marcas y otras personas generan incertidumbre. En julio de 2023, *The New York Times* informó de que Taylor había evitado por los pelos convertirse en uno de los famosos que promocionaban las criptomonedas entre sus seguidores después de no firmar un acuerdo para patrocinar la gira con un criptoemprendedor llamado Sam Bankman-Fried, que luego fue condenado por fraude. El *Financial Times* se enteró de que el acuerdo habría incluido entradas en forma de NFT, pero no explicó qué significaba esto.[28] Los swifties han aprendido muchas cosas por Taylor, desde el significado de la palabra «maquiavélico» hasta las reglas del fútbol americano, pero eso quizá habría sido pasarse mucho.

Estamos en 2024 y Taylor nunca ha aparecido en una campaña publicitaria de una marca de lujo, a diferencia de la mayoría de sus colegas de profesión. Hasta ahora, no ha encajado bien con su imagen pública, que pese a todo sigue pareciendo la de la chica —mejor dicho, la de una mujer creativa y moderna— de al lado. Aunque viste ropa de diseñador para los eventos, también lleva a menudo marcas menos caras que son más asequibles para los fans. En la jerga de las cuentas de moda de famosos, esto significa que los fans pueden poseer un «exact», no una prenda parecida, sino exactamente la misma. Aquí no hablamos de ser una influencer, porque Taylor no promociona la ropa como parte de una colaboración con una marca. Es más bien una relación recíproca. Claro que las marcas se benefician de que Taylor lleve su ropa; pero a su vez ella puede recordarnos que es humana, y a veces se pone unos leggings (hasta los más caros son asequibles). A Taylor le resulta útil para no perder el contacto con la realidad económica de la mayoría de sus fans. Porque la asequibilidad es relativa: para algunas personas, un valioso objeto de merchandising de Taylor ya es la prenda más cara de su armario.

La imagen de Taylor ha tenido sus propias eras, diferente de la que se asocia a cada álbum. En su adolescencia, su ropa transmitía juventud e inocencia, ya que interpretaba el papel de modelo a seguir: «Era una adolescente expuesta a la opinión pública en un momento en el que nuestra sociedad estaba obsesionadísima con tener modelos perfectos para las chicas [...]. Si metía la pata, el mundo entero se pararía y sería culpa mía y acabaría en la cárcel para las estrellas del pop por los siglos de los siglos».[29] De *Red* a *Lover*, el objetivo de su imagen en la alfombra roja y en el escenario era sencillo: transmitir un mensaje a los fans sobre qué tipo de estrella del pop era y qué tipo de música podían esperar en el nuevo álbum.

Inventarse una historia y expresarla mediante la ropa y los peinados es una de las habilidades más importantes con la que puede contar una estrella del pop. El estilo de calle de Taylor a menudo contrarresta la narrativa principal: «Durante todo el 2012 pasé por una fase en la que me

De *Red* a *Lover*, el objetivo de su imagen en la alfombra roja y en el escenario era sencillo: transmitir un mensaje a los fans sobre qué tipo de estrella del pop era y qué tipo de música podían esperar en el nuevo álbum.

vestía como un ama de casa de los años cincuenta».[30] Un estilo de calle más conservador calmó los miedos de los padres y de la gente de la industria, que temían que esta Taylor que llevaba pantalones cortos en el escenario dejara de ser un «buen modelo» para los niños. Taylor apareció con su primer estilismo «sin pantalones» en los MTV Video Music Awards de 2014; cinco años antes, había llegado al mismo evento en un coche de caballos inspirado en Cenicienta y con un vestido largo hasta el suelo. Un artículo publicado al día siguiente de esa noche en concreto decía que el mono azul «deja que sus preciosas piernas hagan todo el trabajo sexy».[31] Este tipo de cobertura es bienintencionada y se dice en forma de cumplido, pero demuestra lo rápido que puede cambiar el lenguaje sobre una mujer en función de los centímetros de piel que enseñe.

Taylor alcanzó un pico de mensajes con su estética *Lover*, que incluía estilismos en colores ácidos y una gama de pasteles, en una clara vuelta a la luz después de las sudaderas oscuras con capucha y el pintalabios burdeos de *reputation*. La paleta tan colorida parecía un intento de atraer de nuevo a niños y familias, el equivalente en ropa de la famosa letra relacionada con la ortografía que se eliminó de «Me!».[32] Fue en 2019, con la combinación de pantalones cortos de encaje tecnicolor y camiseta amarillo canario que llevó en el escenario, cuando quedó más patente que había hecho los deberes en cuanto a la moda. El conjunto parece que está sobrecompensando lo de *reputation*. Los arcoíris eran un guiño por su apoyo a la comunidad LGTBQ+ en «You Need To Calm Down», pero en última instancia parecía el disfraz de una (carísima) artista de fiestas infantiles. Desde 2020, los mensajes que transmite a través de su ropa se han vuelto más sutiles. Su imagen durante la pandemia (camisas de franela, pantalones anchos y pelo ondulado que ella misma se peinaba) reflejaba la realidad de que todo el mundo llevaba cinturillas elásticas y no se había cortado el pelo desde enero.

Pasada la pandemia, surgió un vestuario más sofisticado, tanto por los diseños que llevaba como por el mensaje subliminal de famosa que transmitían sus estilismos. Para el estreno de *All Too Well: The Short Film*, que ella misma dirigió, llevó un traje de terciopelo morado de doble botonadura de la marca italiana Etro (que también confeccionó su vestido *evermore* amarillo con cordones para The Eras Tour). El color oscuro sugería madurez, un cambio importante con respecto a los tonos pastel de la imagen de *Lover*. El terciopelo era lujoso y con textura, y el corte perfecto, inmaculado, del traje expresaba la confianza y la seguridad creativa de Taylor. Desde entonces, se ha puesto resplandecientes conjuntos con un tema celestial para que se vincularan a *Midnights*. En la actualidad, cuando lleva un vestido bonito en concreto, es un hilo invisible e intencionado hacia su adolescencia. El vestido de «Enchanted» en The Eras Tour honra su feminidad, manteniendo el tono lila y el brillo de la pedrería, y convirtiéndolo todo en un nuevo volumen espectacular. Fuera del escenario, sigue siendo posible encontrar referencias y mensajes ocultos en su ropa, sobre todo cuando aparece con un color concreto durante varios días seguidos, pero de un tiempo a esta parte da la sensación de que esos momentos estilísticos son solo eso, moda.

NUESTRA CANCIÓN

Taylor es una de las mejores narradoras de nuestro tiempo. Es un nuevo tipo de heroína, que llora a la vez que saca músculo. Ha escrito sobre conflictos despiadados y sobre sus momentos de desesperación más absoluta. Ha sido la princesa del cuento de hadas, la bruja, la chica buena y la chica mala. Se ha llamado a sí misma complaciente, monstruo, pesadilla y ensoñación. Escribe continuamente su propia historia: «Mi vida no gravita hacia ser alternativa, sexy o guay. Mi naturaleza no es ninguna de esas cosas. Soy imaginativa. Soy inteligente. Y soy trabajadora. Esas cualidades no se priorizan necesariamente en la cultura pop».[33]

Antes se la consideraba como bidimensional. Ahora ha mezclado las distintas facetas de su personalidad y ha emergido como alguien con profundidades inimitables, y seguramente la mayor de todas todavía esté por revelar. Dice: «Escribir canciones nunca ha sido un elemento estratégico de mi carrera. Pero ya no me asusta decir que otras cosas de mi carrera, como la forma de comercializar un álbum, son estrictamente estratégicas. Y estoy harta de que las mujeres no puedan decir que tienen mentes estratégicas para los negocios, porque a los hombres sí se les permite. Y por eso estoy hasta el gorro de tener que fingir que no soy el genio que orquesta su propio negocio. Pero es una parte de mi cerebro distinta de la que utilizo para componer».[34] La composición de canciones siempre la definirá. Así fue como alcanzó su estratosférico nivel de éxito, algo de lo que nunca ha tenido miedo de hablar: «Existe un falso estigma en torno al entusiasmo en nuestra cultura de "ambivalencia despreocupada". Esta perspectiva perpetúa la idea de que no mola «querer algo». Que la gente que no se esfuerza es, en el fondo, más elegante que la gente que sí lo hace».[35]

Ella se opone a esta forma de despreocupación usando de forma continua e intencionada sus temas y símbolos preferidos en sus letras. Es divertido detectar determinados colores, objetos y horas del día. Lo que empezó como un detalle evocador se convierte, con repetidas menciones, en algo rico y estratificado: en un icono. Se enfrenta a la reputación de usar y tirar que tiene el pop, y esto hace que se reafirme como la persona que controla el Taylor-verso. Todo tiene significado porque ella dice que lo tiene. Es una excepción porque mantiene la vulnerabilidad justa para seguir creando un arte que nos importa al tiempo que dirige su negocio como una profesional y no se disculpa por ello: «Lo siento, ¿he hecho mucho ruido? ¿En la casa que compré, con las canciones que escribí sobre mi propia vida?».[36]

Se ha pasado toda su carrera trabajando para crear un universo imaginativo en el que los fans quisieran pasar tiempo, desde el lago iluminado por la luna que imaginó en «Tim McGraw» hasta las vidrieras de «Would've, Could've, Should've». Es un genio de la planificación, sí, pero combina esta habilidad con su sensibilidad, que protegió incluso cuando tuvo que curtirse: «Quiero seguir teniendo una pluma afilada, la piel gruesa y un corazón abierto».[37] Ha escrito magia en la lluvia, oro en la luz del día y destellos en el vestido que llevó una vez a medianoche. Pero ¿qué es lo que realmente la hace tan especial?

Podrías pasarte toda la vida intentando expresarlo con palabras.

Notas

Capítulo 1 – El origen: *Taylor Swift*

1   https://ew.com/article/2008/02/05/taylor-swifts-road-fame/
2   Fuente: https://www.independent.co.uk/news/long_reads/radio-tour-is-not-for-the-weak-inside-the-first-step-to-country-music-stardom-a7798561.html
3   https://swiftlegacypodcast.podbean.com/e/the-og-swiftie-holly-armstrong/
4   https://www.eonline.com/news/814021/13-things-we-learned-from-taylor-swift-s-former-internet-life-on-myspace-youtube-and-more
5   https://www.newstatesman.com/culture/music/2021/04/taylor-swift-fearless-version-2008-original-release-fans
6   https://www.rollingstone.com/music/music-news/22-things-you-learn-hanging-out-with-taylor-swift-101118/
7   https://www.elle.com/culture/music/interviews/a10083/women-in-music-taylor-swift-326464/
8   https://ew.com/article/2008/02/05/taylor-swifts-road-fame/
9   https://www.youtube.com/watch?v=UEeWmItgdxA
10 https://www.youtube.com/watch?v=D8i9p8YOxFw
11 El estilismo de los vídeos de su debut, incluido el de «Our Song», corrió a cargo de Sandi Spika Borchetta, mujer del jefe de la discográfica de Taylor, Scott Borchetta.
12 https://www.youtube.com/watch?v=D8i9p8YOxFw
13 *Folklore: Long Pond Studio Sessions.*
14 Publicado por primera vez en taylorswift.com, reproducido en sitios web de fans como Fanpop.com: https://www.fanpop.com/clubs/taylor-swift/articles/34352/title/behind-song-list-taylors-story-behind-some-songs

Capítulo 2 – El centro de atención: *Fearless*

1   Seth Meyers, antiguo guionista principal de *Saturday Night Live*, dijo: «Cuando acabó, debería haberle dicho: "A ver, Taylor, aquí entre nosotros, voy a leerte ahora mismo lo que habíamos escrito para que veas que era una puta mierda. Además de que tu canción es genial, ni te imaginas lo malísimo que era el guion que te habíamos escrito comparado con el que has escrito tú"». https://www.hollywoodreporter.com/tv/tv-news/seth-meyers-praises-taylor-swift-writing-own-snl-monologue-1235633986/
2   https://www.theguardian.com/music/2012/oct/18/taylor-swift-want-believe-pretty-lies
3   https://people.com/celebrity/taylor-swift-calvin-harris-break-up-her-quotes-on-heartbreak-and-moving-on/
4   https://www.npr.org/2012/11/03/164186569/taylor-swift-my-confidence-is-easy-to-shake

5   https://www.rollingstone.com/music/music-features/taylor-swift-rolling-stone-interview-880794/

6   https://www.vibe.com/features/editorial/taylor-swift-lil-wayne-fireman-first-rap-memorized-243115/

7   Hay un sample de «Out Of The Woods» en «Question…?», comprobado en https://www.whosampled.com/Taylor-Swift/samples/. La mayoría son interpolaciones retroactivas y hay un sonido de batería en «London Boy» que apenas cuenta.

8   https://www.theguardian.com/music/2012/oct/18/taylor-swift-want-believe-pretty-lies

9   https://americansongwriter.com/behind-the-meaning-of-taylor-swifts-romeo-and-juliet-inspired-love-story/

10   https://www.youtube.com/shorts/_hwt9Oyx7Q8

11   https://www.billboard.com/music/music-news/taylor-swift-zane-lowe-beats-1-interview-8541404/

12   Entrevista de *The Morning Call*, a la que solo se puede acceder desde Estados Unidos, pero que está archivada en Americansongwriter.com: https://americansongwriter.com/behind-the-meaning-of-taylor-swifts-romeo-and-juliet-inspired-love-story/

Capítulo 3 – El cuento de hadas definitivo: *Speak Now*

1   Prólogo de *Speak Now (Taylor's Version)*: https://genius.com/Taylor-swift-speak-now-taylors-version-prologue-annotated

2   https://www.albionpleiad.com/2010/11/true-life-im-anti-taylor-swift/

3   https://www.reddit.com/media?url=https%3A%2F%2Fi.redd.it%2F-speak-now-taylors-version-full-prologue-v0-5v75bnxjydab1.jpg%3Fs%3D51f5162fe4fb75312a33422c1b18293510f16daf

4   https://www.glamour.com/story/taylor-swift-bomb-shell-in-blue-jeans

5   https://www.cp24.com/album-sales-plunge-in-2008-digital-downloads-up-1.356342

6   https://www.npr.org/2008/11/28/97583296/hey-has-anybody-noticed-that-taylor-swift-cant-sing

7   https://www.billboard.com/music/awards/taylor-swift-woman-of-the-decade-speech-billboard-women-in-music-8546156/

8   Mi documental preferido sobre coristas: *20 Feet From Stardom*. https://www.imdb.com/title/tt2396566/

9   https://www.youtube.com/watch?v=SqO8a0S8c-8

10   https://www.cosmopolitan.com/entertainment/celebs/a44333575/taylor-swift-asked-fans-not-to-cyberbully-john-mayer-dear-john-live/

11   https://twitter.com/taylorswift13/status/1677168840625496065?ref_src=twsrc%5Etfw%7Ctwcamp%5Etweetembed%7Ctwterm%5E1677168840625496065%7Ctwgr%5E45ca9abbbb776347a6f34d-5b41e4f7900de35dd4%7Ctwcon%5Es1_&ref_url=https%3A%2F%2Fwww.standard.co.uk%2Fnews%2Fworld%2Ftaylor-swift-who-dear-john-last-kiss-better-than-revenge-b1092935.html

12   https://www.youtube.com/watch?v=dvmLlM8YXYA

13   https://www.independent.ie/entertainment/music/dont-go-breaking-my-heart-taylor-swift-opens-up/30683975.html

14   https://www.theguardian.com/music/2014/aug/23/taylor-swift-shake-it-off

15   https://amp.tmz.com/2019/08/21/taylor-swift-plans-rerecord-masters-scooter-braun-purchase-big-machine/?__twitter_impression=true

16   https://www.reuters.com/article/idUSTRE69E5RK/

17   https://www.billboard.com/music/music-news/taylor-swift-the-billboard-cover-story-953737/

18   Nicole + Felicia también confeccionaron los vestidos de Taylor para el vídeo de «I Bet You Think About Me». La premisa del vídeo recuerda a «Speak Now»: Taylor se presenta en la boda de su ex, pero en esta versión de los hechos lo rechaza. Durante todo el vídeo, Taylor viste de rojo, salvo por el vestido blanco que lleva para bailar una lenta melodía con su ex. En vez de escapar con él, se aleja y su vestido se vuelve rojo. Vemos a Taylor actuando en un escenario con su grupo, tocando una guitarra roja.

19   https://twitter.com/SwiftNYC/status/1677882417728610307

20   https://www.refinery29.com/en-gb/2021/04/10414694/taylor-swift-change-lyrics-meaning-fearless

21   https://www.youtube.com/watch?v=QboJ2ihbojo

22   Keith Urban es el HOMBRE SIN SOMBRERO. Gala de los Country Music Awards de 2009: https://www.youtube.com/watch?v=qqYuCosWczE

23   Gala de los Country Music Awards de 2009: https://www.youtube.com/watch?v=qqYuCosWczE

24   https://eu.usatoday.com/story/life/music/2012/10/17/taylor-swift-red-interview/1637307/

25   Pódcast *Rolling Stone Top 500 Greatest Albums of All Time* sobre *Red*.

Capítulo 4 – Lo recuerdo: *Red*

1   https://www.youtube.com/watch?v=SqVxCVblSfA

2   Hablando con Brittany Spanos en *Rolling Stone*: https://www.youtube.com/watch?v=4Sn5DbZ4s2Q

3   https://www.youtube.com/watch?v=4Sn5DbZ4s2Q

4   https://www.bbc.co.uk/news/entertainment-arts-67111517

5   https://www.youtube.com/watch?v=IF72ZCWuQpk

6   https://www.rollingstone.com/music/music-news/taylor-swift-diane-warren-say-dont-go-thank-you-flowers-1234865606/

7   https://www.theguardian.com/music/2012/oct/18/taylor-swift-want-believe-pretty-lies

8   https://www.youtube.com/watch?v=4Sn5DbZ4s2Q

9   *Ibidem*.

10   https://www.youtube.com/watch?v=UEeWmItgdxA

11   https://genius.com/Taylor-swift-last-kiss-lyrics

12 https://time.com/3144645/taylor-swift-shake-it-off-22-pumpkin-spice-latte/
13 https://www.buzzfeed.com/chelseamarshall/how-basic-are-you
14 https://web.archive.org/web/20210918001221/https://www.rollingstone.com/music/music-news/22-things-you-learn-hanging-out-with-taylor-swift-101118/
15 https://www.vice.com/en/article/wjvaay/taylor-swifts-kennedy-obsession-may-have-inspired-her-4th-of-july-parties
16 https://www.elle.com/culture/celebrities/a43818269/ed-sheeran-taylor-swift-friendship/
17 https://www.washingtonpost.com/style/2023/09/20/taylor-swift-vault-puzzle-1989-tracks/
18 https://www.rollingstone.com/music/music-news/taylor-swift-hosts-red-listening-party-in-new-york-59377/
19 https://www.youtube.com/watch?v=3i4sYbyzsfw
20 https://www.thetimes.co.uk/article/taylor-swift-it-sounds-dorky-but-this-is-how-i-write-my-song-lyrics-kmpjksm95
21 https://www.etonline.com/taylor-swift-says-red-scarf-in-all-too-well-is-a-metaphor-190595
22 https://www.goodmorningamerica.com/culture/story/taylor-swift-turned-story-fans-song-81443975

Capítulo 5 – Calles de Nueva York y ritmos eléctricos: *1989*

1   https://www.billboard.com/music/music-news/taylor-swift-new-york-city-welcome-ambassador-6296765/
2   https://www.nme.com/news/music/taylor-swift-199-1241766
3   https://wildest-swift.tumblr.com/post/124453526149/compilation-of-taylors-clean-speeches-from-the
4   https://www.elle.com/culture/music/news/a33100/taylor-swift-blank-space-grammy-museum/
5   https://www.youtube.com/watch?v=7VenlV7Qxak
6   https://www.billboard.com/music/awards/billboard-woman-of-the-year-taylor-swift-on-writing-her-6363514/
7   «Blank Space (voice memo)».
8   https://www.youtube.com/watch?v=7VenlV7Qxak
9   https://www.rollingstone.com/music/music-news/the-reinvention-of-taylor-swift-116925/
10 https://www.wsj.com/articles/for-taylor-swift-the-future-of-music-is-a-love-story-1404763219
11 https://www.wonderlandmagazine.com/2014/11/17/cover-story-taylor-swift/
12 https://www.rollingstone.com/music/music-news/the-reinvention-of-taylor-swift-116925/4/
13 https://www.youtube.com/watch?v=7VenlV7Qxak
14 https://www.maxim.com/entertainment/taylor-swift-tops-2015-maxim-hot-100/
15 https://www.youtube.com/watch?v=7VenlV7Qxak

16 https://www.npr.org/2014/10/31/359827368/anything-that-connects-a-conversation-with-taylor-swift

Capítulo 6 – Serpientes y escaleras: *reputation*

1 https://www.vogue.com/article/taylor-swift-may-cover-maid-of-honor-dating-personal-style
2 https://time.com/6342806/person-of-the-year-2023-taylor-swift/
3 https://www.musicradar.com/news/taylor-swift-getaway-car-bridge
4 *Miss Americana.*
5 https://www.youtube.com/watch?v=wI44s5xZl0E&t=17s
6 https://www.capitalfm.com/artists/taylor-swift/news/strong-female-friends/
7 *Ibidem.*
8 *Miss Americana.*
9 https://time.com/6342806/person-of-the-year-2023-taylor-swift/
10 *Ibidem.*
11 https://www.wsj.com/articles/for-taylor-swift-the-future-of-music-is-a-love-story-1404763219
12 *Miss Americana.*
13 https://www.rollingstone.com/music/music-features/taylor-swift-rolling-stone-interview-880794/
14 https://www.youtube.com/watch?v=VA7Y_Psp5l4
15 https://www.rollingstone.co.uk/music/features/call-it-what-you-want-a-full-timeline-of-taylor-swift-and-joe-alwyns-relationship-28366/
16 https://www.businessinsider.com/taylor-swift-lover-diary-entries-about-kanye-west-joe-alwyn-2019-8?r=US&IR=T
17 *Ibidem.*
18 https://www.teenvogue.com/story/taylor-swift-fans-dress-parents
19 https://people.com/music/taylor-swift-brother-austin-favorite-reputation-song/
20 https://www.vogue.com/article/taylor-swift-cover-september-2019
21 https://www.youtube.com/watch?v=gHG-tdupKHQ
22 «It was a big goal of mine» («Para mí era un gran objetivo»). https://www.rollingstone.com/music/music-news/22-things-you-learn-hanging-out-with-taylor-swift-101118/

Capítulo 7 – Lo que de verdad importa: *Lover*

1 Reputation Stadium Tour.
2 https://www.elle.com/culture/celebrities/a26628467/taylor-swift-30th-birthday-lessons/
3 https://www.youtube.com/watch?v=dDO6HnY7h24
4 https://www.elle.com/culture/celebrities/a26628467/taylor-swift-30th-birthday-lessons/
5 https://www.instagram.com/p/B2hAlecjv5J/
6 https://dailytargum.com/article/2019/10/taylor-swift-lover-review
7 https://variety.com/2020/music/features/taylor-swift-politics-sundance-documentary-miss-americana-1203471910/

8   *Ibidem.*
9   https://www.vulture.com/article/taylor-swift-rerecorded-albums-which-album-is-next.html
10   https://www.vogue.com/article/taylor-swift-cover-september-2019
11   https://www.youtube.com/watch?app=desktop&v=2AUUnLixsFQ
12   https://www.rollingstone.com/music/music-news/taylor-swift-kelly-clarkson-sends-flowers-recording-1234874502/
13   https://time.com/6342806/person-of-the-year-2023-taylor-swift/
14   https://www.vox.com/culture/2016/11/8/13565144/who-is-taylor-swift-voting-for-clinton-trump-election
15   https://www.theguardian.com/music/2019/aug/24/taylor-swift-pop-music-hunger-games-gladiators
16   https://www.rollingstone.com/music/music-features/the-liberation-of-kesha-123984/
17   https://www.elle.com/culture/celebrities/a26628467/taylor-swift-30th-birthday-lessons/
18   https://time.com/4667037/katy-perry-single-chained-to-the-rhythm/; https://www.forbes.com/sites/hughmcintyre/2017/03/16/is-katy-perrys-new-song-chained-to-the-rhythm-a-flop/
19   https://www.elle.com/culture/celebrities/a26628467/taylor-swift-30th-birthday-lessons/
20   *Miss Americana.*
21   https://slate.com/culture/2023/10/cruel-summer-number-1-taylor-swift-billboard.html
22   https://taylorswiftstyle.com/post/99180839912
23   https://people.com/pets/taylor-swift-tells-fans-cat-meredith-isnt-missing-just-private/
24   https://twitter.com/taylorswift13/status/1239670332958674944?lang=en
25   https://www.rollingstone.com/music/music-news/the-reinvention-of-taylor-swift-116925/2/
26   Directo de *Lover* en Instagram.
27   *Folklore: The Long Pond Studio Sessions.*
28   https://time.com/5577508/taylor-swift-influences-cats-tumblr/
29   https://www.latimes.com/entertainment-arts/movies/story/2019-10-30/taylor-swift-cats-andrew-lloyd-webber
30   https://variety.com/2020/music/features/taylor-swift-politics-sundance-documentary-miss-americana-1203471910/
31   https://www.youtube.com/watch?time_continue=28&v=o7EG4UHa-ok8&embeds_referring_euri=https%3A%2F%2Ftaylorswiftswitzerland.ch%2F&embeds_referring_origin=https%3A%2F%2Ftaylorswiftswitzerland.ch&source_ve_path=Mjg2NjY&feature=emb_logo
32   https://www.youtube.com/watch?v=TC1UnBDfrQA
33   https://www.rollingstone.com/music/music-features/taylor-swift-rolling-stone-interview-880794/
34   https://variety.com/2020/music/features/taylor-swift-politics-sundance-documentary-miss-americana-1203471910/

Capítulo 8 – En el bosque: *folklore*

1 Entrevista de Zane Lowe para Apple TV: https://www.youtube.com/watch?v=CQacWbsLbS4&t=27s
2 https://www.nme.com/news/music/read-taylor-swift-new-personal-essay-explaining-eighth-album-folklore-2714540
3 *Folklore: The Long Pond Studio Sessions.*
4 *Ibidem.*
5 https://www.rollingstone.com/music/music-features/taylor-swift-rolling-stone-interview-880794/
6 Parece imposible, pero *Journals* (2014) de Justin Bieber, un proyecto pasional con un sonido R'n'B, ni ha mejorado ni ha descarrilado su carrera pop. Dado que pasó sin pena ni gloria, sin campaña promocional, es como si no existiera fuera de su entregado fandom.
7 Entrevista de Zane Lowe para Apple TV: https://www.youtube.com/watch?v=CQacWbsLbS4&t=27s
8 *Folklore: The Long Pond Studio Sessions.*
9 https://ew.com/music/taylor-swift-entertainers-of-the-year-2020/
10 *Folklore: The Long Pond Studio Sessions.*
11 https://www.vogue.com/article/taylor-swift-cover-september-2019
12 *Folklore: The Long Pond Studio Sessions.*
13 *Ibidem.*
14 Entrevista de Zane Lowe para Apple TV: https://www.youtube.com/watch?v=CQacWbsLbS4&t=27s
15 *Folklore: The Long Pond Studio Sessions.*
16 El nombre «James» de la canción se ha interpretado como masculino y femenino. Blake Lively, amiga íntima de Taylor, tiene una hija que se llama James. Su mismo nombre, Taylor, se eligó por su carácter neutro en cuanto al sexo. Sin embargo, afirmó en *Folklore: The Long Pond Studio Sessions* que James es un adolescente y que la canción se escribió desde una perspectiva masculina.
17 *Folklore: The Long Pond Studio Sessions.*
18 https://www.vogue.com/article/taylor-swift-cover-september-2019
19 Fuente: investigación original, 2024.
20 *Folklore: The Long Pond Studio Sessions.*
21 Entrevista de Zane Lowe para Apple TV: https://www.youtube.com/watch?v=CQacWbsLbS4&t=27s
22 *Folklore: The Long Pond Studio Sessions.*
23 *Ibidem.*
24 https://americansongwriter.com/behind-the-introspective-meaning-of-mirrorball-by-taylor-swift/
25 *Folklore: The Long Pond Studio Sessions.*
26 *Ibidem.*
27 En el escenario durante The Eras Tour.
28 https://variety.com/vip/the-power-of-tiktok-on-taylor-swift-eras-tour-1235752739/

Capítulo 9 – Turno de noche: *evermore*

1   *Miss Americana.*
2   Entrevista de Zane Lowe para Apple TV: https://www.youtube.com/watch?v=CQacWbsLbS4&t=27s
3   https://www.popbuzz.com/music/artists/taylor-swift/news/willow-written-10-minutes-aaron-dessner/
4   https://web.archive.org/web/20200322105433/https://www.youtube.com/watch?v=vtQC8ILxHCs
5   La segunda era «Pet Sounds» de The Beach Boys, la primera era «What's Going On» de Marvin Gaye: https://www.rollingstone.com/music/music-lists/best-albums-of-all-time-1062063/marvin-gaye-whats-going-on-4-1063232/
6   https://jonimitchell.com/library/view.cfm?id=2962
7   https://jonimitchell.com/library/view.cfm?id=2313
8   https://www.theguardian.com/music/2012/oct/18/taylor-swift-want-believe-pretty-lies
9   Entrevista de Zane Lowe para Apple TV: https://www.youtube.com/watch?v=CQacWbsLbS4&t=27s «tolerate it» también tiene mucho subtexto, cuando Taylor canta sobre pintar el retrato de su amante usando sus mejores pinturas. Como Betty cuando habla de James en «cardigan», de *folklore*, los retratos más halagadores que hace Taylor de sus antiguas relaciones amorosas los envuelven en un romance que no tienen por qué haberse ganado necesariamente.
10 *Folklore: The Long Pond Studio Sessions.*
11 Muy discutido en la comunidad, pero confirmado por Aaron Dessner en *Rolling Stone*: https://www.rollingstone.com/music/music-features/aaron-dessner-interview-taylor-swift-evermore-1105853/
12 Los ocho segundos de ruido blanco llegaron al número uno de la lista canadiense de iTunes en 2014.
13 https://www.rollingstone.com/music/music-news/22-things-you-learn-hanging-out-with-taylor-swift-101118/
14 *Ibidem.*
15 https://time.com/3578249/taylor-swift-interview/
16 Entrevista de Zane Lowe para Apple TV: https://www.youtube.com/watch?v=CQacWbsLbS4&t=27s
17 *Ibidem.*
18 https://www.rollingstone.com/music/music-features/aaron-dessner-interview-taylor-swift-evermore-1105853/
19 Entrevista de Zane Lowe para Apple TV: https://www.youtube.com/watch?v=CQacWbsLbS4&t=27s
20 *Ibidem.*
21 https://www.billboard.com/music/country/taylor-swift-nashville-song-writer-awards-full-speech-1235142144/
22 *Ibidem.*
23 Entrevista de Zane Lowe para Apple TV: https://www.youtube.com/watch?v=CQacWbsLbS4&t=27s

24 Si quieres un ejemplo claro, escucha «I'm So Lonesome I Could Cry» (1949) de Hank Williams.

25 Fragmento de «Después de un gran dolor, llega un sentimiento formal–» (c. 1862).

Capítulo 10 – Las estrellas se alinean: *Midnights*

1 Entrevista de Zane Lowe para Apple TV: https://www.youtube.com/watch?v=CQacWbsLbS4&t=27s

2 https://time.com/6342806/person-of-the-year-2023-taylor-swift/

3 https://www.youtube.com/watch?v=UEeWmItgdxA

4 No significaba nada.

5 https://www.thelineofbestfit.com/news/taylor-swift-shares-midnights-album-promo-schedule-and-teases-special-very-chaotic-surprise

6 *The Graham Norton Show*.

7 Aaron Dessner trabajó en las canciones de la versión extendida «3 a.m.» de *Midnights*: «Hits Different», «The Great War», «High Infidelity» y «Would've, Could've, Should've».

8 Otras canciones que han recibido recientemente el galardón a la Canción del Año de los Country Music Awards han sido «Fast Car» de Tracy Chapman en 2023 (tras el éxito de la versión de Luke Combs), lo que la convirtió en la primera mujer negra en recibir el premio; y «Girl Crush» en 2015, también interpretada por Little Big Town y coescrita por Liz Rose, que también coescribió «All Too Well» con Taylor.

9 https://www.rollingstone.com/music/music-news/kelly-clarkson-taylor-swift-better-man-taylors-version-1234666210/

10 https://www.cbsnews.com/newyork/news/taylor-swift-says-red-has-a-song-for-every-emotion/

11 https://ohnotheydidnt.livejournal.com/92069741.html?page=4

12 https://www.youtube.com/watch?v=jkWL7_fNR7E

13 «Love Story» no llegó al número uno por culpa de «My Life Would Suck Without You» de Kelly Clarkson, escrita y producida por Max Martin.

14 Fuente de las estadísticas: https://www.officialcharts.com/charts/singles-chart/20090301/7501/

15 https://www.buzzfeednews.com/article/beimengfu/theres-a-new-blank-space-in-chinese-wallets

16 International Federation of the Phonographic Industry.

17 Revista *Wonderland*, noviembre de 2014. Este reportaje fotográfico insinúa un Taylor-verso paralelo en el que parece la integrante de un grupo de chicas de los ochenta, con un flequillo de aspecto mojado.

18 https://www.npr.org/2012/11/03/164186569/taylor-swift-my-confidence-is-easy-to-shake

19 https://www.buzzfeed.com/elliewoodward/you-make-me-so-happy-it-turns-back-to-sad

20 https://www.rollingstone.com/music/music-features/aaron-dessner-interview-taylor-swift-evermore-1105853/

21 https://www.billboard.com/music/music-news/taylor-swift-nyu-commencement-speech-full-transcript-1235072824/

22 https://www.elle.com/culture/celebrities/a26628467/taylor-swift-30th-birthday-lessons/
23 https://www.instagram.com/p/Cj9ir4EOrL4/?hl=en
24 https://variety.com/2020/music/news/taylor-swift-eating-disorder-netflix-documentary-miss-americana-1203478047/
25 https://www.rollingstone.com/music/music-news/the-reinvention-of-taylor-swift-116925/4/
26 https://www.elle.com/culture/celebrities/a26628467/taylor-swift-30th-birthday-lessons/
27 https://www.billboard.com/music/music-news/taylor-swift-nyu-commencement-speech-full-transcript-1235072824/
28 «All Too Well (10 Minute Version) (Taylor's Version) (From The Vault)».
29 https://www.elle.com/culture/celebrities/a26628467/taylor-swift-30th-birthday-lessons/
30 *Ibidem*.
31 «Si cuando ves algunas de tus antiguas fotos no te estremeces por el espanto, es que lo estás haciendo mal». Véase «Bleachella»: https://www.elle.com/culture/celebrities/a26628467/taylor-swift-30th-birthday-lessons/
32 «Taylor Swift puts ice cubes in her wine – but do experts believe this ruins it?» [«Taylor Swift le echa cubitos de hielo al vino, ¿esto lo estropea según los expertos?»]: https://www.express.co.uk/celebrity-news/1822276/Taylor-Swift-ice-cubes-white-wine-tips

Capítulo 11 – Bailando con su mejor vestido: Taylor de gira

1   https://www.youtube.com/watch?v=XarVd2TSmqI&t=204s
2   https://mb.com.ph/2023/3/21/taylor-swift-breaks-madonna-s-concert-attendance-record-1#google_vignette
3   https://tasteofcountry.com/taylor-swift-diary-entry-2006-rascal-flatts-tour/?utm_source=tsmclip&utm_medium=referral
4   https://countryfancast.com/eric-church-and-rascal-flatts/
5   https://globalgrind.com/4033001/taylor-swift-time-magazine-cover-photos-inerview/
6   https://www.theguardian.com/music/2014/aug/23/taylor-swift-shake-it-off
7   *Journey to Fearless*.
8   *Ibidem*.
9   https://time.com/3583129/power-of-taylor-swift-cover/
10 Fuente: yo estaba allí.
11 https://www.youtube.com/watch?v=CL4eoy9ywic
12 https://time.com/3578249/taylor-swift-interview/
13 https://time.com/3583129/power-of-taylor-swift-cover/
14 Speak Now World Tour Live.
15 https://www.dailymail.co.uk/femail/article-2684013/Swifts-love-advice-music-industry.html

16   Reputation Tour https://www.youtube.com/watch?v=uqGqWJhu668

17   https://ew.com/music/2019/05/09/taylor-swift-cover-story/

18   https://time.com/6343028/taylor-swift-workout-routine-eras-tour/

19   *Folklore: The Long Pond Studio Sessions.*

20   https://time.com/6342806/person-of-the-year-2023-taylor-swift/

Capítulo 12 – La otra historia de Taylor Swift: Los fans

1   https://nypost.com/2023/12/28/business/taylor-swift-brings-vinyl-record-sales-to-new-heights/

2   *Ibidem.*

3   https://people.com/taylor-swift-the-eras-tour-concert-film-every-thing-to-know-tickets-runtime-7964229

4   Manila es la ciudad que realiza más búsquedas de «Taylor Swift», según las estadísticas de Google de 2023.

5   https://www.youtube.com/watch?v=MduXSkFvaO4

6   https://www.cosmopolitan.com/entertainment/celebs/a43488940/taylor-swift-surprised-fan-viral-tiktok-dance-bejeweled-eras-tour/

7   https://www.youtube.com/watch?v=G9I8ua1EcW4

8   https://www.tumblr.com/alltooooooowell/628909213615292416/taylor-swift-and-easter-eggs

9   https://www.youtube.com/watch?v=O3YGh73XQU8

10   *Ibidem.*

11   *Ibidem.*

12   *Ibidem.*

13   https://pitchfork.com/reviews/albums/21101-1989/

14   ¿Qué significaban los cinco agujeros? ¿Eran una cuenta atrás para algo? ¿Intentaba decirnos algo sobre la valla?

15   https://twitter.com/taylorswift13/status/1163118375607963648?lang=en

16   https://www.rollingstone.com/music/music-features/taylor-swift-rolling-stone-interview-880794/

17   https://www.today.com/popculture/music/taylor-swift-sexuality-rcna122455

18   https://www.nytimes.com/2024/01/04/opinion/taylor-swift-queer.html?searchResultPosition=4

19   https://www.washingtonpost.com/entertainment/2023/12/26/taylor-swift-eras-conference-academic/

20   https://www.washingtonpost.com/style/of-interest/2023/10/20/taylor-swift-fandom-eras-tour/

21   https://www.wsj.com/articles/for-taylor-swift-the-future-of-music-is-a-love-story-1404763219

Capítulo 13 – Mastermind: El talento de Taylor Swift

1   https://time.com/6342806/person-of-the-year-2023-taylor-swift/

2   https://www.rollingstone.com/music/music-features/taylor-swift-rolling-stone-interview-880794/

3   https://chartmasters.org/taylor-swift-albums-and-songs-sales/#taylor_swifts_album_sales

4   https://time.com/6342806/person-of-the-year-2023-taylor-swift/

5   https://www.salon.com/2015/05/22/taylor_swift_is_not_an_under-dog_the_real_story_about_her_1_percent_upbringing_that_the_new_york_times_wont_tell_you

6   https://www.youtube.com/watch?v=6E63AeaHczE (al final hay una captura de pantalla del periódico)

7   https://www.youtube.com/watch?v=XarVd2TSmqI&t=204s

8   *Ibidem.*

9   *Journey to Fearless.*

10 https://genius.com/Taylor-swift-american-boy-lyrics

11 https://www.billboard.com/music/music-news/taylor-swift-nyu-commencement-speech-full-transcript-1235072824/

12 https://www.nytimes.com/2019/12/24/arts/music/taylor-swift-lover.html

13 https://www.youtube.com/watch?v=vnIZN0WgrAE

14 https://www.nytimes.com/2008/11/09/arts/music/09cara.html

15 *Journey to Fearless.*

16 https://www.esquire.com/entertainment/music/a30491/taylor-swift-1114/

17 https://www.washingtonpost.com/news/arts-and-entertainment/wp/2017/12/06/taylor-swift-explains-her-blunt-testimony-during-her-sexual-assault-trial/

18 https://www.theguardian.com/music/2019/aug/24/taylor-swift-pop-music-hunger-games-gladiators

19 https://www.wsj.com/articles/for-taylor-swift-the-future-of-music-is-a-love-story-1404763219

20 https://www.stereogum.com/1810310/read-taylor-swifts-open-letter-to-apple-music/news/

21 https://business.ticketmaster.com/business-solutions/taylor-swift-the-eras-tour-onsale-explained/

22 https://variety.com/2022/music/news/taylor-swift-address-es-eras-tour-ticketmaster-fiasco-1235436036/

23 https://pitchfork.com/thepitch/meet-the-argentine-taylor-swift-fans-who-have-been-camping-out-for-the-eras-tour-since-june/

24 https://www.rollingstone.com/music/music-features/taylor-swift-rolling-stone-interview-880794/

25 https://www.billboard.com/business/business-news/taylor-swift-earned-2-billion-music-movie-touring-1235555994/

26 https://www.washingtonpost.com/business/2023/10/13/taylor-swift-eras-tour-money-jobs/

27 https://www.newyorker.com/magazine/2011/10/10/taylor-swift-profile-you-belong-with-me

28 https://www.ft.com/content/2b0601e2-d371-404d-8531-227f11d4a83f

29 https://www.billboard.com/music/music-news/taylor-swift-nyu-com-mencement-speech-full-transcript-1235072824/

30 *Ibidem.*

31 https://www.eonline.com/news/572353/taylor-swift-ditches-pants-wears-short-jumpsuit-for-her-red-carpet-arrival-to-the-2014-mtv-music-video-awards

32 https://www.rollingstone.com/music/music-news/taylor-swift-removes-me-lyric-874631/

33 https://www.youtube.com/watch?v=0l4fPZ2TmsI

34 https://www.rollingstone.com/music/music-features/taylor-swift-rolling-stone-interview-880794/

35 https://www.billboard.com/music/music-news/taylor-swift-nyu-commencement-speech-full-transcript-1235072824/

36 *Miss Americana.*

37 *Ibidem.*

Agradecimientos

Muchísimas gracias a mi agente, Maddalena Cavaciuti. Me lo pasé en grande leyendo contratos contigo.

Gracias a mis editoras Nicole Witmer y Stephanie Duncan, siempre tan geniales y trabajadoras, y a Jennifer y a Isabella Ghaffari Parker de Transworld, que han contribuido a que escribir este libro fuera muy divertido además de un sueño hecho realidad. Mi agradecimiento a Maddalena Carrai por las ilustraciones, Bobby Birchall por el diseño y al equipo de edición. Todos han trabajado mucho para que sea el mejor libro posible.

Gracias a mis swifties. A Arielle Steele, Kate Leaver y Natasha Lunn, con quien puedo hablar de Taylor de forma incansable. Gracias eternas a mi amiga Jenny Lane-Smith. Estoy en deuda con Beth Davies por animarme a lanzarme a la aventura. A mi grupo de escritura, Afy Nourallah, Gina Killick, Helen Saunders, Nancy Howell y Kelsey O'Brien, que me han dado el valor necesario para escribir sobre temas que me gustan mucho, gracias por vuestra paciencia porque he acabado escribiendo mucho sobre Taylor Swift. Gracias a Billy Payne y a Mensa Ansah por su asesoramiento sobre música. Gracias al apoyo moral de Philippa Mander, Sally Mumby-Croft, Katie Weatherall y Henry Setter mientras escribía el libro. A todos los que habéis hablado conmigo largo y tendido sobre las estrellas del pop: gracias. Ese fue el proceso de aprendizaje para poder escribir este libro.

Gracias a mis padres, Sipi Hämeenaho y Dominic Fox, y a mi hermano, Oscar Hämeenaho-Fox, por creer en mí y por leer todos mis mensajes de correo electrónico. Sois la mejor familia.

Inspiraciones e influencias

Sobre la autora

Satu Hämeenaho-Fox es una swiftie de la era *Fearless* y autora de libros sobre cultura. Ha escrito sobre muchas personas cuyo arte o ropa le gustan, incluyendo a Taylor Swift, Harry Styles, Zendaya y Lady Gaga. También ha escrito varios libros infantiles sobre arte e historia de la moda para el Metropolitan Museum of Art de Nueva York. Es cofundadora de la newsletter Swiftian Theory.